Heribert Rau

AF136796

Mozart in Wien

Eine prosaische Biographie in vier Bänden - Band 4

EUROPÄISCHER
HOCH
SCHUL
VERLAG

Rau, Heribert

Mozart in Wien
Eine prosaische Biographie in vier Bänden - Band 4

ISBN: 978-3-86741-403-6

Auflage: 1
Erscheinungsjahr: 2010
Erscheinungsort: Bremen, Deutschland

© Europäischer Hochschulverlag GmbH & Co KG, Fahrenheitstr. 1, 28359 Bremen (www.eh-verlag.de). Alle Rechte beim Verlag und bei den jeweiligen Lizenzgebern.

Bei diesem Titel handelt es sich um den Nachdruck eines historischen, lange vergriffenen Buches aus dem Verlag Meidinger, Frankfurt a. M. (1858). Da elektronische Druckvorlagen für diese Titel nicht existieren, musste auf alte Vorlagen zurückgegriffen werden. Hieraus zwangsläufig resultierende Qualitätsverluste bitten wir zu entschuldigen.

IV.

König und Knecht.

Mozart.

Ein Künstlerleben.

Cultur=historischer Roman

von

Heribert Rau.

Vierter Band.

Frankfurt a/m.

Verlag von Meidinger Sohn & Comp.

1858.

Inhalt.

IV. König und Knecht.

(Mozart's Mannesalter.)

	Seite
Idomeneus	1
Der König der Töne	23
König — und Knecht	43
Zerbrochene Fesseln	61
Wiener Leben	70
Kaiser Joseph II.	107
Ein Blick in die Zeit	132
Ein Frühstück	146
Die Schlange	164
Joseph Haydn	181
Das letzte Licht	202
Die Entführung aus dem Serail	213
Die Entführung aus dem Auge Gottes . .	228

Unser ganzes Leben hindurch haben wir immer nur die Gegenwart inne. Was dieselbe unterscheidet ist bloß, daß wir im Anfange eine lange Zukunft vor uns, gegen das Ende aber eine lange Vergangenheit hinter uns sehen; sodann, daß Temperament und Charakter oft mit der Zeit Veränderungen erleiden, die uns das, was wir jedesmal die Gegenwart nennen, in verschiedenen Färbungen erscheinen lassen.

In der Kindheit verhalten wir uns mehr erkennend, als wollend. Aber gerade hierauf beruht ja jene Glückseligkeit des ersten Viertels unseres Lebens, in Folge welcher es nachher wie ein verlorenes Paradies hinter uns liegt.

Woher kommt dies? — Wir haben in der Kindheit nur wenige Beziehungen und geringe Bedürfnisse, also naturgemäß auch wenig Anregung des Willens: der größere

Theil unseres Wesens geht demnach im allmäligen kind=
lichen „Erkennen" auf. Der Verstand ist, wie das Ge=
hirn, welches schon im siebenten Jahre seine volle Größe
erreicht, früh entwickelt, wenn auch nicht reif, und sucht
unaufhörlich Nahrung, in einer ganzen Welt des noch
neuen Daseins, wo Alles, Alles, mit dem Reize der Neu=
heit übergossen ist.

Hierin liegt denn auch der Grund, daß unsere Kinder=
jahre eine fortwährende Poesie sind.

Dabei steht zugleich das Leben, in seiner ganzen Be=
deutsamkeit, noch so neu, so frisch, so farbig und duftig und
so ohne alle Abstumpfung seiner Eindrücke durch Wieder=
holung, vor uns; daß wir, mitten unter unserem kindischen
Treiben, stets im Stillen und ohne deutliche Absicht beschäf=
tigt sind, an den einzelnen Scenen und Vorgängen, das
Wesen des Lebens selbst, die Grundtypen seiner Gestalten
und Darstellungen, aufzufassen.

Daher werden denn auch die Erfahrungen und Be=
kanntschaften der Kindheit und frühen Jugend nachmals
die stehenden Typen und Rubriken aller späteren Erkennt=
niß und Erfahrung, gleichsam die Kategorien derselben,
welchen wir alles Spätere unterordnen, wenn auch nicht
stets mit deutlichem Bewußtsein.

So bildet sich schon in den Kinderjahren die erste
Grundlage unserer zukünftigen Weltansicht, die dann später
durch das Leben selbst ausgeführt und vollendet wird. Also
in Folge dieser rein objektiven und dadurch poetischen
Ansicht, die dem Kindesalter wesentlich ist und davon unter=

stützt wird, daß der Wille noch lange nicht mit seiner vollen
Energie auftritt, verhalten wir uns, als Kinder, bei Weitem mehr rein erkennend als wollend. Daher der ernste,
schauende Blick mancher Kinder, welchen Raphael zu seinen
Engeln — zumal denen der Sixtinischen Madonna — so
glücklich benutzt hat. Durch dieses heitere und kindliche
Schauen hält nun aber der jugendliche Geist alle jene Gestalten, welche Wirklichkeit und Kunst ihm vorführen, für
eben so viele glückliche Wesen: er meint, so schön sie zu
sehen sind, und noch viel schöner, wären sie zu „sein."
Demnach liegt die Welt vor ihm, wie ein Eden: und dies
ist das Arkadien, in welchem wir Alle geboren
sind.

Aber welche herrliche Natureinrichtung ist dies! Entsteht
daraus nicht der Durst nach dem wirklichen Leben? Der
Drang nach Thaten, nach hervorragenden großen und kühnen Werken? In diesem aber lernen wir dann die andere
Seite der Dinge kennen, die des „Seins," d. h. des
„Wollens," welches indeß leider bei jedem Schritte durch-
kreuzt wird. Und nun..... nun..... kommt allmählig die
Zeit der Täuschungen heran, nach deren Eintritt es
heißt l'âge des illusions est passé: und doch geht diese
Zeit der Täuschungen und Enttäuschungen immer weiter und wird immer vollständiger.

Ach! das ganze Leben ist wie eine große Theaterdeko-
ration! In der Kindheit sehen wir sie bei poetischer Be-
leuchtung von Weitem und klatschen selig über ihre Schönheit in die Hände; — reif an Geist, stehen wir in der

1*

Sonnenhelle des Tags ihr ganz nahe, und.... erschrecken vor der Derbheit solcher Malerei!

Aber warum denn diese ewigen Täuschungen im Leben? Woher denn entstehen sie? Die reifere Jugend, das Jünglingsalter, bringt das Jagen nach Glück mit, in der festen Voraussetzung, es müsse im Leben anzutreffen sein. Daraus aber entspringt die fortwährend getäuschte Hoffnung und aus dieser die Unzufriedenheit. Gaukelnde Bilder eines geträumten, unbestimmten Glücks schweben, unter kapriziös gewählten Gestalten, uns vor, und wir suchen vergebens ihr Urbild. Dazu kommt noch, daß uns meistens das Leben früher durch die Dichtung, als durch die Wirklichkeit bekannt wird. Die von der Poesie geschilderten Scenen aber prangen dann — im Morgenrothe unserer eigenen Jugend — vor unserem Blick, und nun peinigt uns die Sehnsucht, sie verwirklicht zu sehen,.... den herrlich schimmernden, buntfarbigen Regenbogen zu fassen! So entstehen die Täuschungen, die allmälig unsere Stirne furchen, unser Haar bleichen, und..... selbst unser Herz zu brechen vermögen.

Ist daher der Charakter der ersten Lebenshälfte unbefriedigte Sehnsucht nach Glück; so ist der der zweiten: Besorgniß vor Unglück. Denn mit ihr ist, mehr oder weniger deutlich, die Erkenntniß eingetreten, daß alles Glück chimärisch, hingegen das Leiden real sei. Jetzt wird daher, wenigstens von den meisten Menschen, mehr bloße Schmerzlosigkeit und ein unangefochtener Zustand, als offenbares Glück erstrebt.

Wenn es, in unseren Jugendjahren, an unserer Thüre schellte oder klopfte, wurden wir vergnügt, denn wir dachten: nun käme die Freude, das Glück! Und in späteren Jahren? Da hatten unsere Empfindungen, bei demselben Anlasse, etwas dem Schrecken Verwandtes: wir riefen: „da kommt's!".... aber wir meinten nicht mehr das Glück und die Freude, sondern das Unangenehme und das Unglück!

Freilich krönt dagegen den, durch die Erfahrungen des Lebens gereiften Mann zunächst Unbefangenheit. Er sieht die Dinge einfach, wie sie sind. Ihm ist das Leben wie ein gold- und farbenreich gestickter Stoff, von welchem er in der Jugend die rechte Seite mit ihren Blumen und Arabesken sah; — jetzt, als Mann, hat er die Kehrseite in der Hand: sie ist nicht so schön, aber lehrreicher; weil sie den Zusammenhang der Fäden erkennen läßt.

So gehen wir bergauf und sehen den Tod nicht, weil er am Fuße der andern Seite des Berges liegt. Haben wir aber den Gipfel überschritten, dann werden wir den Tod, welchen wir bis dahin nur von Hörensagen kannten, wirklich ansichtig; wodurch — da zu derselben Zeit die Lebenskraft zu ebben beginnt — auch der Lebensmuth sinkt; so daß jetzt trüber Ernst den jugendlichen Uebermuth verdrängt und seinen Stempel Gestalt und Zügen aufdrückt. So ist es gegen das Ende des Lebens, wie gegen das Ende eines Maskenballs, wenn die Larven abgenommen werden: man wird müde, und sieht jetzt erst, wer Diejenigen waren, mit denen man während des Lebens in Berührung kam. Denn die Charaktere haben sich an den Tag gelegt, die

Thaten haben ihre Frucht getragen, die Leistungen ihre
Würdigung erhalten, und — alle Trugbilder sind zer=
fallen! *)

Das ist das Bild unseres Lebens. Aber es giebt Aus=
nahmen: — große, gewaltige oder merkwürdige Erschei=
nungen, die ihr ureigenthümliches Wesen einen eigenen
Weg führt. Eine solche Erscheinung aber war Wolfgang
Amadeus Mozart. Kindheit und Jugend waren einer=
seits dem hier gegebenen Bilde des Lebens treu, und doch
war das Originelle an der Jugenderscheinung Mo=
zart's: daß das Kind, bei aller Kindlichkeit, wenigstens in
musikalischer Beziehung, schon reif wie ein Mann war.
Aber das doppelt merkwürdige an dieser in ihrer Art ganz
eigenen Erscheinung ist, daß sich die Sache in der zweiten
Hälfte seines Lebens gerade umkehrte; d. h.: Mozart
behielt als Mann die liebenswürdigste Kindlich=
keit bei;.... ja er blieb in gar mancher Beziehung
ein Kind durch sein ganzes Leben hindurch.

Der kleine sechsjährige Wolfgang spielt, was man
ihm vorlegt, und weiß bereits, was man ihm erklären will.
Dann sehen wir den Jüngling fast zwanzig Jahre unauf=
hörlich umherirren, die Länder besuchend, in denen es etwas
gab, was er sich aneignen konnte; wobei er sich durch die
Praxis mit dem musikalischen Genius der Nationen, welche
sich nach Geschmack und Systemen von einander unter=

---

*) Parerga und 'Paralipomena. Kleine philosophische Schriften
von A. Schopenhauer.

schieden, vertraut machte. Wie er sich hier in allen Sty-
len versucht! alle Weisen sich zu eigen macht! Er ist Italiener in Mailand, Franzose in Paris, Deutscher in
Deutschland, Engländer in London, Melodist für das Publikum, Fugist vor dem Tribunale des Pater Martini,
..... überall aber der große, geniale Virtuose
und Componist!

Das war Mozart als Musiker, bis in sein 25 Jahr.
Was aber finden wir von nun an; — von der Zeit an, in
der er von der väterlichen Autorität emancipirt, selbstständig
dasteht; was finden wir, wenn wir da Mozart's Charakter studiren?.... Nach wie vor, den großen genialen
Musiker..... aber... einen ganz neuen Menschen!

Wir finden diesen Charakter der Art, — sagt Cули-
bicheff — als wenn er aus einer Reihe psychologischer,
aus den fabelhaften Arbeiten des Musikers gezogenen Folgerungen hervorgegangen wäre: eine ebenso fabelhafte Individualität, die Gabe einer reichen Phantasie, die ihm nach
Belieben zu Gebot steht, vermittelst der er den Schlüssel
zu einem Räthsel zu geben im Stande war, das sonst keinen
gehabt hätte. Leicht entzündbare Sinne und ein philoso-
phischer Geist; — ein von Zärtlichkeit überfließendes Herz
und eine reizende Unbeständigkeit; — auf einer Seite Hang
zum Vergnügen, eine Mannichfaltigkeit von Neigungen,
die ein sanguinisches Temperament charakterisiren: auf der
andern Seite dagegen die hartnäckigste Beharrlichkeit in
der Arbeit, die größte Tyrannei seiner musikalischen Leidenschaft, die bis zu einer Tod bringenden Uebertreibung gei-

stiger Arbeit führt. Den Tag über vom Strudel sich hin=
reißen lassend, in dem er lebt: liebliche Mädchen und Frauen
als leichter naschhafter Schmetterling umgaukelnd; und
die Nacht bei dem Scheine einer Lampe hinbringend, welche
der Dämon der Inspiration bis zum Anbruche der Mor=
genröthe angezündet hält; — abwechselnd überspannt und
genial ausschweifend, hypochondrisch und drollig, fromm
und dann wieder bis zur Ausgelassenheit lustig; — dabei
gut, herzlich, liebenswürdig wie ein Kind, aber auch wie
ein solches sorglos und unpraktisch für das Leben; daher
eine ungemeine Gleichgültigkeit gegen Geld und Geldes=
werth, — eine unaussprechliche Verachtung gegen alle Welt=
klugheit, oder vielmehr eine vollendete Unkenntniß ihrer
Maximen; — eine rücksichtslose Freimüthigkeit, weil sie,
wie bei Kindern, kein Interesse kennt, irgend etwas zu ver=
bergen; eine blinde Freigebigkeit und doch auch wieder nicht
ein Funke irgend einer bösen Leidenschaft. So ohngefähr
war Mozart, der unerklärbare Mensch, von seinem fünf=
undzwanzigsten Jahre an; denn erst von dieser Zeit an —
nachdem die Bevormundung des alt gewordenen Vaters,
die Leitung der Mutter und der Einfluß der ersten Liebe
aufgehört — tritt sein Charakter, sich reich und voll
entfaltend, mit seiner ganzen Ureigenthümlichkeit an das
Licht.

Nachdem nämlich Amadeus — der Liebe Aloysia
Weber's entsagend, aber mit um so süßeren Fesseln an
ihre Schwester Constanze geknüpft — München ver=
lassen und seine Stelle als Hof= und Dom=Organist in

Salzburg angetreten hatte, brachte er zwei Jahre unaus=
gesetzt hier zu.

In dieser Epoche aber vollendete sich der große Um=
schwung als Mensch und Musiker in ihm; — jener große
Umschwung der namentlich in künstlerischer Beziehung nach
und nach die Ideen Mozart's von der alten Routine und
dem Zusatze des Geschmackes der damaligen Zeit reinigte
und ihn durch eine allmälige Läuterung zu jenen origi=
nellen, ebenso melodiereichen als gründlichen Formen führte,
die für immer der Typus des Schönen in der Musik sein
werden. Die, durch so viele schöne Blüthen angekündigte
Frucht fiel endlich, in voller Reife prangend und durch
ihren Duft berauschend, herab.

Mit dieser Zeit beginnt die classische Periode
Mozart's, und zugleich die wichtigste und ohne Zweifel die
letzte der großen Revolutionen in der Musik, im Sinne
des richtig verstandenen Fortschrittes; man müßte denn
außer der Melodie, der Harmonie, der Declamation und
des Rhythmus, noch einmal ein neues Element in der Kunst
entdecken, von dessen Existenz wir noch gar keine Ahnung
haben. *)

Aber wo und unter welchen für Mozart herrlichen
und entzückenden Verhältnissen sollte sich auch dieser große
Umschwung zu erst bekunden?!

Armselige Chikanen gemeiner Seelen haben schon oft
— nur zu oft — das Lebensglück edler und großer Männer

*) „Mozart's Leben" von A. Oulibicheff I. Thl. S. 157.

untergraben; manchmal aber auch zerplatzen sie von einem
Hauch der Luft, wie die Seifenblasen, die ein böser Junge
Dir in das Gesicht bläst!

Abt Vogler konnte durch seine Intriguen und Char=
latanerien den hoffnungsvollen jungen Mozart vom chur=
pfälzischen Hofe in Mannheim vertreiben; aber er ver=
mochte es nicht zu verhindern, daß Karl Theodor, jetzt
Churfürst von Bayern, Wolfgang Amadeus ein wohl=
wollendes Andenken erhielt.

Karl Theodor war ja — abgerechnet seiner Schwä=
chen in ehelicher Beziehung — immer noch einer der besten
Fürsten der damaligen Zeit. Er hielt viel auf Künstler
und Gelehrte, die in ihm oft einen freigebigen Mäcen fan=
den, beförderte Ackerbau und Industrie und suchte Recht
und Billigkeit aufrecht zu erhalten. Am meisten aber that
er für Musik. So war unter seiner Regierung das Or=
chester in München das beste in Europa, dem sich eine Gesell=
schaft ausgezeichneter Sänger und Sängerinnen anschloß.
Zu den ersteren gehörten der Castrate Del Prato und
der Sänger Raff, zu den letzteren Aloysia Weber und
die Schwestern Dorothea und Lisette Wendling.

Der Churfürst gedachte nun in der That gar manchmal
des jungen Maestro Mozart, und Cannabich, der jetzt
Capellmeister in München geworden, wußte dies Andenken
frisch zu erhalten und den Wunsch seines Fürsten: durch
Mozart eine Oper für die Münchner Bühne componiren
zu lassen, stets neu anzustacheln. Endlich gedieh dieser
Wunsch zum Entschluß, und Wolfgang erhielt den ehren=

vollen Auftrag: für den Münchner Carneval 1781 eine
Opera seria zu schreiben.

Wer war entzückter als Amadeus!... Konnte ihm
denn etwas Angenehmeres widerfahren? Seit drei Jahren
ging er ja schon mit dem Gedanken um, eine solche Tonschöpfung in's Leben zu rufen, und nun sollte dies für das
beste Theater Europa's geschehen! und wo?.... in
München! wo die ihm von Mannheim aus so lieb gewordenen Familien Weber, Cannabich und Wendling wohnten..... in München, wo seine geliebte Constanze lebte.

Aber auch diese Wonne sollte ihm Anfangs in Frage
gestellt und verbittert werden. Seine hochfürstliche Gnaden, der Herr Fürstbischof von Salzburg waren nur
sehr schwer dahin zu bewegen, seinem Hof- und Domorga-
nisten die Erlaubniß zu geben, den churfürstlichen Antrag
anzunehmen und behufs der Composition einer Oper nach
München zu gehen. Mit vieler Mühe erhielt Mozart
einen Urlaub von sechs Wochen.

Aber welche Seligkeit nun in München! Welcher herz-
liche Empfang bei den Freunden! Welch' Entzücken Constanze wiederzusehen, zumal das Geheimniß, das über
ihrem Verhältnisse schwebte, demselben einen ganz eigenen
poetischen Reiz gab. Und nun denke man sich dabei einen
Musiker, wie Mozart, glühend im inneren Schöpfungs-
drange, voll der großartigsten Ideen, ganz und gar von
seiner Aufgabe erfüllt, von Liebe getragen und..... von
einem herrlichen Stoffe begeistert.

Diesen Stoff der neuen Oper hatte der Abbate Va-

resco geliefert; er war der griechischen Geschichte entnom=
men und trug den Titel: „Idomeneo re di Creto
osia Ilia e Idamante," — zu deutsch: „Idomeneo,
König von Creta, oder Ilia und Idamante."

Mozart verschlang ihn mit Heißhunger. Sein In=
halt war folgender: Arbaces, der Vertraute von Ido=
meneo, König von Creta, hat die falsche Nachricht von
dem Tode des abwesenden, auf den Oceanen umherirrenden
Herrschers gebracht. Schmerzlich berührt von dieser Trauer=
kunde besteigt sein Sohn Idamante den Thron; aber er
soll nun auch Hand und Herz vergeben, und zwar an Elek=
tra, Agamemnon's Tochter, die ihm zur Braut be=
stimmt ist, die aber in glühender Eifersucht Ilia, die
Tochter des Königs Priamus, verfolgt, welche als Ge=
fangene nach Creta geführt, von Idamante geliebt wird.
Idamante aber, jetzt selbstständiger Herrscher, folgt dem
Zuge seines Herzens und entscheidet sich für seine geliebte
Ilia. Während nun die leidenschaftliche Elektra in Wuth
und Verzweiflung ausbricht, die Stürme rasen und die
Donner rollen, findet — von den Göttern erhört — Idome=
neo die Ufer seines Reiches wieder. Aber, o furchtbares
Geschick! Er hat Neptun gelobt, wenn er ihn glücklich
heimführe, den Ersten, den er am Ufer begegne, ihm zu
opfern, und . . . . dieser Erste . . . . ist sein Sohn.

Welch' großartige Motive bot schon dieser erste Act!
Aber der Knoten schlingt sich noch fester.

Wie Agamemnon, behält Idomeneo sein unseliges
Geheimniß für sich; und wie dieser möchte er das Opfer

ersparen, gegen das sich sein Vaterherz empört. Darum
soll Idamante mit Elektra sich verbinden und nach dem
griechischen Festlande entfliehen. Aber die Götter lassen
sich nicht Hohn sprechen. Das gebrochene Gelübde zu
rächen, sendet Neptun ein Ungeheuer, das, die Wogen
des Meeres zu Schaum peitschend, Fluch und Verderben
über Creta bringt. Es naht auf bergeshohen Wellen,
Blitze zischen und der Donner, als Rächer des Meineides,
rollt drohend, die Erde erschütternd, über Idomeneos
und der Seinen Häupter. Betäubt und entsetzt flieht das
Volk.

Da führt der dritte Act den Oberpriester des Neptun
zu dem Könige. Er entwirft Idomeneo ein Bild des
Jammers, der das Volk zerreißt und zur Verzweiflung
bringt, indem das von Neptun gesandte Ungeheuer die
Gegend mit seinem Hauche verpeste und Tod und Ver=
derben überall hinbringe. Da erwacht das Gewissen des
Königs und sein Gelübde bekennend, beschließt er des theu=
ren Sohnes Tod.

Aber siehe! ein Schrei des Jubels erfüllt die Lüfte.
Idamante, tief bewegt von des Volkes Jammer, hat das
Ungeheuer aufgesucht und Creta durch seinen Heldenarm
von ihm befreit: Dennoch stellt er sich im Tempel des
Neptun zum Opfer bereit, während Ilia, seine Knie um=
schlingend, mit ihm zu sterben bereit ist.

Da löst das unsichtbare Orakel des Gottes der Meere
den Knoten.

Idomeneo ist des Thrones verlustig. Idamante

besteigt ihn an der Hand seiner geliebten Ilia, und wäh=
rend Elektra in Eifersucht und Wuth ihre Flüche über
Creta sendet, segnet der schwer geprüfte Vater Reich und
Kinder; das Volk aber ruft Amor und Hymnen zur Be=
glückung des jungen Königspaares an.

Mozart erbebte bei dem Studium dieses Librettos bis
in sein Inneres. Wie mit den Flügelschlägen der Begeist=
rung kam es über ihn. Betäubt, von kalten Schauern
überrieselt, stand er da. Ueber seinem Haupte rollte der
Donner, zuckten die Blitze, aus den himmelhoch aufschäu=
menden Wogen des Meeres ertönte die Stimme des Got=
tes, die die Erde beben macht und die Herzen vor Schreck
und Entsetzen versteinert. Und mit dem Heulen des Stur=
mes und dem Brausen des Meeres tobt die Wuth der
Eifersucht um die Wette, bis Liebe und Versöhnung wie die
strahlende Sonne über Allen aufgeht und die Dissonanzen
eines großen tragischen Geschickes in reine, süße Accorde
auflöst!

Jetzt sah, jetzt hörte Mozart nichts mehr als seine
Oper. Er hatte in Paris die Opern Gluck's, und na=
mentlich dessen „Iphigenia in Aulis" mit Entzücken
gehört. Die gleiche ruhmvolle Bahn zu durchlaufen war
nun sein Entschluß; und gab sein Idomeneo nicht ein
herrliches Pendant zu Gluck's „Iphigenia"?

Auch hier großartige Erinnerungen an Troja; — auch
hier ein Vater, der gezwungen ist, das Opferbeil über dem
Haupte seines Kindes zu schwingen; — auch hier Thränen
der Ilia, liebend und aufopfernd wie Iphigenie! Und

Elektra's Wuth, das lebende Bild ihrer Mutter Klytem=
nestra; und um diese höchst tragischen Gestalten gruppirt
sich eine durch den Zorn der Götter decimirte Bevölkerung,
ein von einem furchtbaren Ungeheuer heimgesuchtes König=
reich, Jupiter mit seinem Donner und Neptun mit den
Vernichtung drohenden Wogen des Meeres. Welch' eine
Aufgabe für den jungen Athleten, den es seit Jahren zu
solch' einer großartigen Schöpfung drängt, und der sich
endlich, in einem riesigen Wettstreite, mit dem
großen Meister Gluck, dem berühmten Gründer
der lyrischen Tragödie, messen darf!*)

Amadeus arbeitete Tag und Nacht. Selbst seine
hochgestellten Beschützer in München: die Gräfin Baum=
garten, Graf Seinsheim und Baron Lehrbach sahen
ihn wenig. Nur in dem Weber'schen Hause suchte er,
wenn er geistig und körperlich ermattet war, Erholung, und
in dem still bescheidenen Umgange mit Constanzen neue
Begeisterung für seine Arbeiten. Aloysia, um jene Zeit
etwas leidend, kam selten zum Vorschein, und da sie, ihres
Unwohlseins wegen, auch auf der Bühne bis zu ihrer Her=
stellung dispensirt war, so sangen Dorothea und Lisette
Wendling die Ilia und Elektra. Ihre begeisterte
Aufnahme der einzelnen für sie componirten Arien erfrischte
und ermuthigte dabei Wolfgang sehr, und selig schreibt

*) Siehe Ausführliches im zweiten Theile von Oulibicheff's:
„Mozart's Leben." Abtheilung: „Idomeneo Re di Creta ossia
Ilia e Idamante."

er an seinen Vater: „Dorothea Wendling ist mit ihrer Scene Arci: contentissima, sie hat sie dreimal nach einander hören wollen."

So baute sich rasch die Composition der beiden ersten Acte der Oper auf. Wolfgangs Blicke leuchteten immer kühner, immer seliger; aber selbst seine kühnsten Hoffnungen wurden von dem Enthusiasmus übertroffen, mit welchem die Musiker und Kunstkenner Münchens die Proben dieser beiden Acte aufnahmen.

Mozart schwamm in einem Meere von Glückseligkeit, die sich auch in allen seinen Briefen an den geliebten Vater ausdrückte. Die Schmeicheleien der Großen, die Huldigungen der Standesgenossen, die berauschenden Regungen des Genius, der sich in seinem ersten Werke erkennt, das untrügliche Vorgefühl eines unsterblichen Ruhmes, und zu all' diesem noch die Liebe, die erwiederte Liebe, die glückliche Liebe; war das nicht in der That Alles, was die menschliche Seele von Seligkeiten auf einmal zu ertragen und zu kosten vermag? Und mußte ein so glänzender Erfolg, wie einer in Aussicht stand, nicht seinen sehnlichsten Wunsch: endlich eine ehrenvolle und hinreichende Anstellung in München zu finden, um mit seiner Liebe hervortreten und Constanze ehelichen zu können, die Erfüllung sichern?

Was lag ihm an dem Zweifel seiner Freunde: ob es ihm möglich sein werde, die Schönheiten seiner Composition im dritten Acte noch zu steigern, daß das Ende das Werk würdig kröne! Er wußte, er fühlte, daß er sich im dritten

Acte noch überbieten werde, und strahlend in goldnen Buch=
staben standen vor seiner Seele die Worte: „Finis coronat opus!" .... Und ...., „Finis coronat opus!" —
rief Amadeus aus, als er eines Morgens nach durch=
wachter Nacht und bei niedergebranntem Lichte, die Feder
neben den noch nassen Notenblättern niederwarf! — — —

„Sind Sie fertig zur großen Hauptprobe im Saale des
churfürstlichen Schlosses?" — frug, bei Amadeus eintre=
tend, vierzehn Tage später der Capellmeister Cannabich
in seiner freundlichen und herzlichen Weise. Aber das
Wort erstarb ihm fast auf den Lippen, als er Wolfgang
noch im tiefsten Negligé vor seinem Schreibtische sitzend
fand, eifrig beschäftigt Noten zu lesen und hie und da ein=
zelne Veränderungen auf den Blättern anzubringen.

„Wie?!" — rief Amadeus überrascht und erschrocken
zu gleicher Zeit. — „Ist es denn schon so spät?"

„Es ist zehn Uhr!" — versetzte der Capellmeister —
„und um halb elf Uhr soll die Probe Angesichts des Chur=
fürsten und seines Hofes beginnen. Was in aller Welt
hat Sie denn wieder sich und alles um Sie her vergessen
machen? —

„Ach!" — rief Wolfgang, sich schnell ankleidend, —
„als ich diese Nacht von Weber's nach Hause kam, wo
Sie ja selbst die Vollendung meiner Oper mitfeierten, da
war ich so aufgelegt, so begeistert...."

„Kann mirs denken!" — sagte Cannabich schmunzelnd
— „von Fräulein Constanzens Augen."

„Warum nicht?!" — rief Mozart lachend — „sind sie nicht hübsch genug, um zu entzücken?"

„Allerdings! Sie würden einen Idamante für Ilia blind machen."

„Nun denn, und ich bin kein Königssohn."

„Und ich will wetten" — rief Cannabich — „ich weiß, was nun geschah."

„Möglich!"

„Der Herr Mozart waren zu aufgeregt, um schlafen zu können, und arbeiteten wieder, gegen die Ermahnung aller Vernünftigen, die ganze Nacht hindurch!"

„So ist es!" — sagte Amadeus, indem er vor den Spiegel trat und hastig die Halsbinde anlegte. Cannabich aber rief unwillig.

„Sie hören nicht eher, bis Sie sich ruinirt haben. Das ewige Nachtwachen und Arbeiten in der Nacht kann ja der stärkste Mensch nicht aushalten; da muß ja das Nervensystem von Grund aus zerstört werden!"

„Aber bester Herr Capellmeister!" — sagte Mozart beschwichtigend — „ich kann ja nichts dafür."

„Warum nicht?"

„Weil ich mich Anfangs nur hinsetzte, die Partitur der Oper noch einmal durchzugehen. Es ist mein erstes Werk, was ich selbst, als von Bedeutung erkenne; — können Sie es mir da verdenken, daß ich ihm die größte Sorgfalt widme?"

„Gewiß nicht! Aber Sie haben alles gethan ...."

„Ich fand noch gar Manches zu verbessern, und endlich"

— rief Mozart hier strahlenden Auges, indem er Cannabich umarmte — „endlich, Herzens-Capellmeister, kam
mir noch ein göttlicher Gedanke. Sie entsinnen sich im
dritten Acte das Adagio, welches — nach dem Orakel des
Neptun — in Triolen mit einem gedämpften Basse den
Effect einer ungewissen und schwierigen chromatischen Mo-
dulation erhöht und sich endlich in dem C-Minore auflöst?"

„Ob ich es weiß" — rief Cannabich begeistert — „es
ist hinreißend schön, und kein Auge wird bei ihm ohne
Thränen bleiben!"

„Nun denn, Freund," — fuhr Mozart flammenden
Auges fort, schon wieder das Ankleiden vergessend, — „da
habe ich noch einen Chor hineingelegt . . . . einen Chor:
„O voto tremendo! Spettacolo orrendo!" — Ich sage
Ihnen, der soll alle Herzen erbeben machen, wenn er mit
seiner Grabesharmonie, bei bedeckten Pauken und durch
Sordinen gedämpften Trompeten — wie das unüberwind-
liche Fatum selbst — groß und majestätisch daher schreitet."

Und Mozart sprang an das Clavier und griff einige
Accorde.

„Prachtvoll!" — rief Cannabich — „aber, Liebster,
Sie vergessen schon wieder Churfürst und Probe!"

„Ja so!" — sagte Amadeus nach dem Schranke sprin-
gend und in den Rock schlüpfend — „und über die Composition dieses Chores habe ich mich so vergessen, daß . . . ."

„Daß Sie die ganze Nacht nicht in das Bett kamen!"

„Ich bin in der That eben erst, als Sie eintraten, damit fertig geworden."

„Und wie soll es heute damit auf der Probe gehen. Sie glauben doch nicht, daß die Choristen ....“

„Macht nichts. Wir lassen ihn heute ganz weg, dann wird sein Effect bei der Aufführung ein um so größerer sein.“

„Gut! vortrefflich!“ — rief der Capellmeister, der jetzt Hand anlegte, Mozarts Anzug zu vollenden. — „Aber, junger Mann, Sie geben mir ein Versprechen!“

„Welches?“

„Nie mehr eine ganze Nacht durch zu arbeiten.“

„Ich bin jung, kräftig!“

„Jetzt noch, ja! aber ich, als gereister und erfahrener Mann, als ihr wohlmeinender Freund, sage Ihnen, daß Sie — wenn Sie auf diese Weise fortfahren — Ihr Leben untergraben. Sie werden, wenn Sie mich nicht hören, keine vierzig Jahre alt “

In diesem Augenblicke stieß Mozart ein leisen Schmerzensschrei aus und erblaßte.

„Was ist Ihnen?“ — frug Cannabich bestürzt.

Aber schon hatte sich Mozart wieder gefaßt und sagte lächelnd:

„Nichts, mein edler väterlicher Freund! Ich trage seit meiner Kindheit ein kleines goldenes Kreuz als Amulet auf meiner Brust. Bei der Hast, mit der ich mich anzog, mag es sich gedreht haben, und so ritzte es mir eben ein wenig die Haut. Sehen Sie .... ich blute! .... Aber gehen wir, es ist schon sehr spät.“

„Und Ihr Versprechen?“

„Und wenn ich es auch geben wollte!" — rief Mozart lachend — „ich kann es ja doch nicht halten. Wenn der Genius gebietet, muß der Staub gehorchen und wenn er zusammenbricht!"

Cannabich fühlte die Wahrheit dieser Worte wohl. Er schwieg daher; aber seine Blicke ruhten besorgt auf dem bleichen, überwachten Antlitze, des neben ihm dahinschrei= tenden jungen Freundes. Mozart selbst aber war schon im Geiste mitten in der Aufführung seiner Oper.

Der König der Töne.

~~~~~~

Die Probe im großen Saale des Schlosses ging vortrefflich. Der Churfürst, Graf Seeau, Graf Seinsheim und noch mehrere Begünstigte des Hofes wohnten ihr bei. Karl Theodor rief selbst nach dem ersten Acte „Bravo!" und als Mozart zu ihm ging, ihm die Hand zu küssen, sagte er zu dem Maestro mit gnädigem Lächeln:

„Die Oper wird charmant werden; er wird gewiß Ehre davon haben, junger Mann. Man sollte nicht meinen, daß in einem so kleinen Kopfe so etwas Großes stecke!"*)

Auch Graf Seinsheim kam am Ende der Probe freudestrahlend auf Wolfgang zu und rief:

---

*) Nissen: S. 430, des Churfürsten eigne Worte. Jahn: II. Theil S. 441.

„Ich versichere Sie, daß ich mir sehr viel von Ihnen
erwartet habe; aber alle meine Erwartungen sind übertroffen."

In den Familien Weber, Wendling und Canna-
bich aber war lauter Jubel; so wie die Musiker der Münchner Capelle, meistens Leute von vielem Wissen und Talent,
ihre Bewunderung für ein Werk laut aussprachen, das
Alles, was sie seither gehört hatten, so weit übertraf. Selbst
die nächsten Tage noch rühmte der Churfürst Mozart's
Schöpfung in seinen Morgen-Cercles, ja Abends bei der
Cour sagte er Jedermann: „Ich war ganz surprenirt —
noch hat mir keine Musik den Effect gemacht — das ist
eine magnifique Musik!"*)

Welche Aussichten für Mozart! Bei solcher Begeisterung Karl Theodor's konnte ihm ja eine ausgezeichnete
Anstellung und Verwendung gar nicht entgehen. Schon
sah er sich als Capellmeister neben seinem Freunde Cannabich angestellt; — schon schuf sein gewaltiger Geist in
Gedanken Oper auf Oper; — schon führte er, in Seligkeit schwimmend, seine geliebte Constanze als Gattin
heim!

Ach! die Jugend hat Platz für die gränzenlosesten Hoffnungen! Welche großherzigen Entschlüsse tragen wir in
ihr der Zukunft auf der goldenen Opferschale eines guten
Willens entgegen. Nichts fürchten wir dann auf unserem
Argonautenzuge nach dem verlorenen Paradiese, — nicht

*) Des Churfürsten eigne Worte.

einmal die wilden Stürme des Geschicks oder die Donner-
schläge roher Gewalt! — Nichts fürchten wir! .... und
doch .... wenige Jahre später .... und wie viele Herzen
sind erstarrt in den Eisfeldern einer egoistischen Alltäglichkeit!

Aber an eine egoistische Alltäglichkeit dachte jetzt Mozart wirklich am wenigsten, — ja er kannte eine solche gar
nicht! In der höchsten Blüthe seines Lebens stehend, bei
ausgebreiteten Kenntnissen, glühender Liebe für seine Kunst,
bei raschem Blut, leichtem Körper und über Alles mächtiger Jünglings-Phantasie trugen ihn die Adlerflügel seines
Genius hoch über den Staub der Trivialität!

Mozart schwärmte in einer goldenen Zukunft ....
während Freund Lange — jetzt erklärter Bräutigam
Aloysia's — auf Mozart's Zukunft und für dessen Rechnung Champagner trank.

So kam die Zeit der ersten Aufführung des „Idome-
neus" heran, die endlich, nach mehreren Verschiebungen,
auf den 26. Januar festgesetzt wurde. Schöner und wunderbarer Zufall, ... es war dies der Tag vor Wolfgang's Geburtsfeste! Und welche Freude sollte dabei dem
Sohn und Bruder werden? — eine Stunde vor der Aufführung lagen Vater und Schwester in seinen Armen! —

„Du, mein Gott, das ist ja unerhört!" — sagte um
dieselbe Zeit Graf Seinsheim, indem er sich zu dem
Baron Lehrbach wandte, der eben neben ihm in seine
Loge getreten war. — „Haben Sie jemals ein so volles
Haus gesehen?"

„Nie!" — entgegnete der Angeredete — „nicht einmal als Ritter von Gluck seine Alceste und seine Iphigenie hier aufführen ließ."

„Es ist noch eine Stunde bis zum Anfange," — fuhr Seinsheim fort — „und doch ist kein Plätzchen im ganzen Hause mehr frei."

„Frei?" — wiederholte Lehrbach. — „Haben Sie denn nicht gesehen, daß bereits Massen von Menschen abgewiesen werden?"

„Die Oper ist aber auch excellent!" — versetzte Graf Seinsheim. — „Nun wir haben es ja beide in den Proben gehört. Ich sah aber auch den Churfürsten noch niemals so enchentirt, wie von dieser Musik. Der junge Mozart steht in hoher Gunst bei ihm."

„Da wird er wohl auch eine Anstellung hier finden?"

Seinsheim zuckte die Achseln; dann sagte er, zu Baron Lehrbach hingebogen, mit gedämpfter Stimme: — „Es fehlt wieder am Besten."

„An Geld?"

„Wie immer."

„Aber, mein Gott, warum schränkt man sich lieber nicht wo anders ein, und gewinnt dafür ein so eminentes Talent?"

„Sie haben gut reden! Wo soll man sich einschränken und wie?"

„Wo?... bei der unsinnigen Hofhaltung. Und wie?... indem man dieselbe vereinfacht und das überflüssige und unnütze Pack abschafft."

„Ich wäre begierig, wo Sie, mein Charmantester, anfangen und wo aufhören wollten."

„Was zum Teufel!" — sagte Baron Lehrbach — „braucht man denn 35 Leibärzte, Hofmedici und Leibchirurgen, wie sie unser Hofetat aufzählt? Ich bitte Sie!..... Mit sechs hätte man auch genug, und von dem Gehalt der übrigen neunundzwanzig Faullenzer könnte man zehn Mozart's anstellen und glücklich machen."

„Da haben Sie freilich recht!" — sagte Graf Seinsheim. — „Von all' den 35 Personagen habe ich von jeher nur fünf activ gesehen. Die anderen haben Titel und Gehalt und liegen auf der faulen Haut."

„Und ein Mozart muß sich als „Organist" in Salzburg abquälen und vertrauren. Aber ich will Ihnen noch mehr sagen, bester Graf!" — rief Lehrbach eifrig, was er um so eher konnte, da die Hoflogen um ihn her noch leer waren und das erwartungsvolle Gesumme der im Opernhause anwesenden Menschenmasse ihn sicherte, daß seine Worte nicht von ungeweihten Ohren aufgefangen wurden.

„Ich will Ihnen noch mehr sagen: die Hofküche besteht aus folgenden 135 Personagen:

15 Mundköche,
2 Mundköchinnen,
4 Bratenmeister,
2 Pastetenköche,
6 „Mundgehülfen,"
3 „Mundgehülfinnen,"

2 Hofköche,
1 „Edelknabenbratenmeister,"
4 Nebengehülfen,
3 „Mundjungen,"
5 „Nebenseitenjungen,"
4 Bratjungen,
2 Küchenportiers,
5 „Küchenmänner,"
5 „Küchenweiber,"
6 „Küchenspülerinnen,"
14 Küchenjungen,
1 „Küchenjungen-Wäscherin,"
8 Küchenwäsche-Verwahrerinnen,
13 Hofconditoreibäcker und
20 Proviantkammer-Bedienstete. *)

Macht zusammen 135 Menschen, von welchen dreiviertel total unnöthig sind!"

Graf Seinsheim wiegte bedenklich den Kopf hin und her. — „Wollen Sie, mein lieber theurer Baron, bei Churfürstlichen Gnaden auf eine Verringerung des Küchenetats dringen?" — frug er dann mit einem feinen spöttischen Lächeln.

„Gott soll mich bewahren!" — rief der Baron. — „Ich habe nie die Passion gehabt, für Andere die Kastanien aus dem Feuer zu holen; auch ist das Küchen-Departement bei allen hohen Herrn das unantastbarste. Aber

*) Hof-, Civil- und Militairetat Karl Theodors.

in die Seele schneidet es einem doch, wenn man sieht, daß hier an die erbärmlichsten, faulsten und unverschämtesten Menschen Tausende weggeworfen werden, während es an Geld gebricht, einen so vielversprechenden Mann, wie **Mozart** anzustellen."

„Nun!" — sagte Graf Seinsheim — „mir ist es auch leid; denn ich schätze den jungen Maestro in der That sehr und prophezeihe ihm Großes. Aber was können wir machen? Die Dinge sind einmal wie sie sind. Rütteln darf man an dergleichen Sachen schon aus Rücksichten für den Churfürsten nicht, der alle Einschränkungen und derartige Verbesserungspläne wie den Tod haßt, — — und außerdem ist der Mozart ein solches Genie, daß er sich doch durchhelfen wird!"

In diesem Augenblicke trat ein Greis an der Seite eines hübschen aber nicht mehr jungen Frauenzimmers in das Orchester. Der junge Mozart folgte ihnen und setzte selbst zwei Stühle in die eine Ecke des für die Capelle bestimmten Raumes. Dann drückte er beiden mit Zärtlichkeit die Hand und verschwand ebenso unbemerkt von dem Publikum, wie er gekommen.

„Wer mag das sein?" — flüsterte Baron Lehrbach dem Grafen Seinsheim zu.

„Wie können Sie fragen?" — entgegnete der letztere. — „Kennen Sie diese Züge nicht?"

„Bei Gott! es ist Mozart's Vater!"

„Und seine Schwester!" — sagte Seinsheim. —
„Er hat mir gesagt, daß er Beide erwarte."

Jetzt fing die erste Logenreihe an, sich zu füllen. Herren
und Damen in reichen Toiletten erschienen. Schöne, üppige
Weiber mit weitausgeschnittenen Kleidern, Schultern und
Busen fast ganz frei und nur der Jahreszeit wegen, hie
und da mit leicht übergeworfenen kostbaren Pelzen bedeckt,
in Spitzen, Brillanten und sonstigem Schmuck wie Für=
stinnen prangend. Alle aber überstrahlte die sechszehn=
jährige Gräfin Törring=Seefeld, diedamalige Geliebte
Karl Theodor's. Sie war schön, wie der junge Tag
und reizend wie Aphrodite, da sie dem Schaum des
Meeres entstieg. Ihre Toilette war feenhaft und wurde
durch einen Schmuck gekrönt, der 300,000 Gulden kostete,
und ein Geschenk des Churfürsten war. Aber ihr huldigte
auch, obgleich man ihr Verhältniß zum Churfürsten kannte,
der ganze Adel, der, an solche Dinge gewöhnt, nur Neid,
nicht Verachtung für ähnliche Verbindungen hatte. Saß
doch an ihrer Seite der Premierminister und Oberhof=
meister, der alte Graf von Seinsheim, und es war
drollig zu sehen, wie die alterssteife Excellenz sich bemühte,
der allmächtigen Favoritin den Hof zu machen. Selbst
den hochwürdigen Herrn Geheimen Rath und Canonicus
Ignaz Frank, Exjesuit und Beichtvater des Churfürsten,
konnte man im Hintergrunde der Törring=Seefeldi=
schen Loge erkennen, von welchem Platz aus seine lüsternen
Blicke mit Behagen die göttlich=schönen Formen der jungen
Gräfin verschlangen. Auch die Baronesse Zedtwitz und

die Gräfinnen Tattenbach, Königsfeld und Fugger-
Zinnenberg strahlten in Jugend, Schönheit und Brillanten wie Sonnen, und um sie drehten sich, den Planeten
gleich, die jungen hübschen Barone Sturmfeder,
Lerchenfeld, Hacke und die Grafen Waldkirch,
Preyßing, Leone, und wie sie alle hießen, die Cavaliere
und Löwen des Tages.

Aber wie auch im ersten Logenrange die Brillanten
funkelten, die Uniformen und Staatsgewänder blitzten und
leuchteten, die Damen coquettirten und sich nebst den Herren der Haute volée, durch lautes Sprechen bemerkbar
zu machen suchten..... Niemand in dem ganzen übrigen
Hause achtete heute auf sie. Da war nur ein Gedanke,
der die Massen fast feierlich stimmte, und dieser Gedanke
war: daß es doch etwas Großes um die heutige Musik
sein müsse, die schon vor der Aufführung, durch bloße Gerüchte, als etwas ganz Eminentes galt. Man wartete mit
der höchsten Spannung auf den Beginn des Stückes. Die
Blicke durchbohrten fast den Vorhang und schon die stim-
menden Instrumente brachten eine Todtenstille hervor.

In der einen Ecke des Orchesters aber saß still und
schweigsam der alte, schlicht-gekleidete Mann, den der junge
Mozart selbst eingeführt. Graue Haare schmückten sein
Haupt, in seinen feinen, geistigen Zügen aber lag eine fast
fieberhafte Spannung. Seine weit geöffneten Augen ruhten unbeweglich auf dem Vorhange, der die Bühne verhüllte, während die Hände, wie zum Gebete gefaltet, in
seinem Schooße lagen. Und in der That, der alte Mann,

dem das Herz bald vor Erwartung sprang, betete auch). Es
war ein brünstiges Gebet des Vaters für den Sohn, das den
Ewigen um einen glücklichen Verlauf dieses Abends anflehte.

Da ward es plötzlich in dem ganzen Hause rege: Volk
und Adel erhoben sich, der Churfürst trat ein. Aber
nur noch eine oder zwei Minuten des Geräusches beim
Niedersitzen...... dann..... Todtenstille rings umher.

Jetzt fiel der Taktstock des Capellmeisters, und.... die
Oper: „Idomeneo re di Creta" von Wolfgang
Amadeus Mozart begann.

Aber wie erfaßte gleich die Ouvertüre alle Herzen!
Welcher bis dahin noch nie gehörte Reichthum der
Instrumentation! Welch' feurige Tonfülle, in denen
sich unausgesetzt das Geräusch der Waffen und der Kampf
der Elemente folgten, und dazwischen die frische Schönheit
der anmuthigsten sanftesten Melodien. Das war nicht
ein künstlich zusammengedrechseltes Machwerk,.... das
waren musikalische Gedanken!... große gewaltige Gedanken, die dem Inhalt des ganzen Stückes andeuteten, als
ob riesige Nebelgestalten aus dem Grabe der Vergangenheit aufstiegen und groß und ernst in der Ferne vorüber-
zögen. Das waren Erinnerungen an Ilium's Größe,
Kampf und Fall, an Idomeneo's Schmerz und Verzweiflung,... das waren Ahnungen der furchtbaren Kämpfe
der Elemente, der Waffen und der Leidenschaften, die in
gewaltigen, prachtvollen, tief in die Seele greifenden Ton-
gebilden — wie ein Spiegel der Wirklichkeit — jetzt an
den lautlos staunenden Massen vorübergehen sollten.

Aber dem musikalischen Sturme folgt jetzt ein nicht minder gewaltiger Sturm des Beifalls, zu dem der Churfürst selbst durch ein lautes Bravorufen und in die Hände-klatschen das Zeichen giebt.

Erst der aufrollende Vorhang gebietet ihm Schweigen.

Nach den Gebräuchen und Gewohnheiten der alten Opera seria, welche weder Introduction noch Finale's kannte, fängt das Stück mit einem instrumentirten Recitativ an, auf welches eine Arie der Ilia folgt: Padre, Germani addio! G Minore ²/₄. Andante con moto. Die Tochter des Priamus macht sich Vorwürfe über die Liebe, die sie für einen Griechen gefaßt hat. Ergreifende Declamation, angenehme Melodie, sorgfältige Begleitung, entsprechende Bässe voll Effect. Alles trägt das Gepräge einer sanften und ergebenen Melancholie, welche der lyrische Charakter der Darstellerin ist. Nichts ist veraltet, alles ist frisch, neu, hinreißend.

Da tritt Elektra auf: Ha! welch' ein dramatisch-musikalischer Gegensatz zwischen ihr, der stolzen, eifersüchtigen und zornigen Tochter des Königs der Könige und der sanften trojischen Sclavin. Welch' ein Bäumen und Toben der wildesten Leidenschaften in diesem leidenschaftlichen Herzen! Man hört wie die Schlangen der Eumeniden sich ausdehnen und zischend wieder in Knäuel zusammenrollen! Ein kalter Schauer des Entsetzens überläuft alle Zuhörer, die sich, willenlos auf ihren Sitzen zurücklehnen, als wollten sie fliehen vor diesem bezaubernd schönen.... aber entsetzlichen Weibe, dessen rasende Eifersucht keine Gränzen kennt.

Hört nur, hört! ihre Stimme hält bei jedem Zwischensatze, wie in Folge einer convulsivischen Anstrengung inne,..... sie zittert vor Wuth, und die furchtbarste Eifersucht macht sich im hohen B Luft, das sich, mit einem außerordentlichen Effect, in der gleich darauf folgenden Wiederholung des Satzes, auf den Worten „vendetta e crudeltà" — (Rache und Grausamkeit) in H verwandelt. Alles bebt, Alles zittert.... auch der alte Mann in der Ecke des Orchesters, der, den Arm seiner Tochter mit seiner dürren knöchernen Hand umspannend, den Oberkörper weit vorgelehnt, die Augen weit geöffnet, jeden Ton des Orchesters und der Vocalstimme gierig zu verschlingen scheint. Jetzt kommt das B,... jetzt die Wiederholung des Satzes.... jetzt das H.... Da flammen seine Augen hoch auf, Blässe überfliegt seine Züge... aber es ist nicht die Blässe des Entsetzens, sondern jene einer übergroßen Freude, denn, mit vor Entzücken zitternder Stimme ruft er jetzt: „Victoria! Elektra hat Klytemnestra übertroffen!"

Und in der That: Elektra hat Klytemnestra übertroffen.... Mozart hat Gluck besiegt! Heil ihm, dem Könige der Töne!

Die Erregung die diese Scene im Publikum hervorgerufen, war so gewaltig und so allgemein, daß das folgende Ritornell fast verloren ging. Wie die Wellen des sturmbewegten Meeres auf der Bühne, so bewegte es sich in Parterre und Logen; aber wie sich über jene — dem Sturme Stillschweigen gebietend — Neptun erhebt, so erhob sich jetzt in einem bewunderungswürdigen Chore

Mozart über die Oberfläche seiner Zeit, um das Still=
schweigen der Bewunderung den Musikfreunden und
das der Verzweiflung seinen Nebenbuhlern zu bieten.

Es giebt wohl wenige Situationen auf der Bühne, die
der nun folgenden Wiedererkennung Idomeneo's und
seines Sohnes Idamante zu vergleichen wären; der eine
mit bestürzten Blicken das Opfer suchend, welches seinem
gräulichen Gelübde fallen soll; der andere zur Hilfe der
Schiffbrüchigen herbeieilend und den ersten, welchen er be=
gegnet, um Nachrichten von seinem Vater befragend.
Agamemnon, Griechenlands Oberhaupt, ist — in Glucks
„Iphigenie" — umgeben von dem Glanze des Thrones
und des Oberbefehles, im Kampfe gegen die Götter, welche
ihm gebieten, seine Tochter zu opfern, eine höchst tragische
Gestalt; wie viel tragischer aber ist Mozart's Held „Ido=
meneo", der, von dem besiegten Ilium heimkehrend, auf
seinen heimathlichen Boden gleich einem Ueberreste seiner
zerstörten Flotte und seiner todten Gefährten geworfen
wird;.... der zehn Jahre des Unglücks über dem Gedan=
ken an das Wiedersehen des Sohnes vergißt, den er auf
dem Schooße der Mutter zurückgelassen hat.... und der
diesen Sohn wieder findet, um.... dessen Mörder zu
werden!

Wie mußte dies alles das Publikum erfassen und packen,
und als mit dem majestätischen, glänzenden und feurigen
Schlußchore des ersten Actes der Vorhang fiel, brach ein
neuer schallender Applaus aus.

Der Greis im Orchester aber rieb sich vergnügt die

Hände. Seine Augen blitzten vor Seligkeit. Sprechen aber konnte er nicht. Und nur einmal neigte er sich zu dem Ohre der Tochter und sagte, sich eine Thräne aus den Augen wischend: „Hätte doch deine gute Mutter diesen Abend noch erlebt!" Dann versank er in tiefes Sinnen; aber ein seliges Lächeln verklärte sein Antlitz. Er stand ja am Abende seines eigenen Lebens wie Moses auf Nebo's Höhen und schaute hinüber in das gelobte Land einer neuen musikalischen Welt.... in das gelobte Land.... das sein Sohn, sein lieber Sohn, der Menschheit zu erobern versprach.

Da rauschte zum zweitenmale der Vorhang in die Höhe.

Se il padre perdei
La patria, il riposo
Tu padre me sei,
Soggiorno amoroso
È Creta per me.

Ilia, deren Ketten Idamante gebrochen hat, bezeugt dem Könige ihre Dankbarkeit und läßt ihn das Geheimniß ihres Herzens errathen. O wie athmete diese entzückend schöne Melodie und der ebenso entzückende Ausdruck dieser, durch die Liebe selbst modulirten und durch die Grazien instrumentirten Cavatine, die Seligkeit, die Amadeus jetzt so oft an der Seite seiner geliebten Constanze durch=zitterte.

Und Constanze? Saß sie denn nicht auch in dem Hin=tergrunde einer Loge und sog mit Entzücken diese, ihr so wohlbekannte Sprache ein? An ihrer Seite, an ihrem

3*

Claviere sitzend hatte ja der theure Freund diese Melodie gefunden, um durch sie — wie er ihr in's Ohr geflüstert — vor aller Welt laut und öffentlich zu bekennen: daß er sie liebe und anbete!

Aber schon sind auch diese Töne verklungen; ein schöner Marsch, den man hinter den Coulissen hört, führt das Publikum in den Hafen von Cydonia, wo Alles schon zur Abreise Elektra's und Idamante's bereit ist. Die Matrosen singen den entzückenden Chor: Placido è il mar: einen Chor, welcher den glücklichsten Contrast zwischen den vorhergehenden und folgenden Scenen bildet. Welcher Friede gegenüber den schmerzlichsten Gemüthsbewegungen! Ein glänzendes und tiefes Blau färbt diese klare Harmonie; Flöten und Clarinette tragen die frische Seeluft herüber, das Quartett deutet das leise Schwanken der Wogen an, und eingewiegt.... selig eingewiegt auf den Wogen dieser göttlichen Musik, tönte es in allen Herzen nach: Ruhig sind Meer und Winde!

Und der Vater? O! er war sich nicht mehr bewußt im Theater zu sein! Geschlossenen Auges schlürfen seine Ohren diese Töne ein: sie schaukeln ihn auf endlosem Ocean; — sie lispeln ihm zu: „Ruhig sind Meer und Winde!"

Und ruhig kannst auch du jetzt deine Augen schließen; denn was du durch dein ganzes Leben und unter tausend Stürmen angestrebt, ... du hast es erreicht: dein Wolfgang Amadeus ist der größte Meister aller Zeiten .... er ist .... ein **König der Töne!**

Auf einmal schweigt der Chor, denn ein Sirenengesang ist zu den Ohren der Matrosen gedrungen. Es ist Elektra's Stimme, die in einer köstlichen Melodie, in Tönen, noch einschmeichelnder als der Hauch des Zephirs, noch balsamischer als Flora's Athem, um günstige Winde fleht. Und die gewaltige Willenskraft Elektra's verleiht ihr Herrschaft über die Elemente. Die Zephyre eilen herbei. Das ist ihr sanftes Murmeln, das in Sexten Accorden den Chor: placido è il mar zurückführt!.... Ja, „Ruhig sind Meer und Winde!".... aber donnernd ist der Jubel, der diesem Chore folgt. Und warum rückt der Alte im Orchester so unruhig hin und her, — warum ist auf einmal alles so beweglich an ihm geworden .... Nannerl fragt ihn darum: „Ei zum Teufel!" — ruft er da aus — „weil ich den Blitzkerl von Amadeus umarmen und an mein altes Herz drücken möchte!"

Aber was ist das? warum stürmen die Violinen so plötzlich, warum stöhnen die Blasinstrumente in lang gedehnten Seufzern? Warum dieser entsetzliche, furchtbare Schrei der Musik? Warum zerreißt die Querpfeife mit einem schrillen durchdringenden Tone jetzt alle tonischen Massen? Warum dieser, von dem Orchester so großartig ausgeführte furchtbare Sturm, der die Grundfesten des ungeheuren Hauses zu erschüttern scheint? Warum dieser Aufschrei des Volkes: Quel nuovo terrore! Welch' neuer Schrecken!...?

Neptun hat im Zorne mit seinem allgewaltigen Dreizack das Meer geschlagen, daß es sich wüthend aufbäumt bis zu den Wolken und auf seinen Wasserbergen schwimmt das von ihm gesandte Ungeheuer Creta's Küsten zu. Kalt, eiskalt überläuft es jeden Zuhörer, und der Churfürst ruft laut, das es das ganze Haus hören kann:

„Welch' ein Effect! das ist unausfprech|

Jetzt erklärt Idomeneo unter dem Kr(ners, in einem herrlich instrumentirten Re selbst der Schuldige sei. Er weiht sein Haupt den unter= irdischen Mächten und beschwört Neptun, den Unschul= digen zu verschonen. Und bei diesen Worten ertönen die Pauken in dumpfen Schlägen. Idomeneo ist nicht das Opfer, welches die Götter verlangen. Irgend etwas Fin= steres scheint vom Orchester her im Anzuge begriffen zu sein . . . . Etwas, was immer näher und näher kommt und gleich einem dunkeln auf den Flügeln des Sturmes ge= tragenen Meteor immer größer wird.

Da sucht das Volk sein Heil in der Flucht. „Corriamo! Fuggiamo!“ — „Fliehet! Fliehet!“ schreit es auf. Aber nicht Alle vermögen gleich schnell zu entfliehen; ein Hagel von Triolen fällt auf die Fliehenden; Finsterniß umgiebt sie; der Sturm treibt sie in verschiedenen Richtungen aus= einander; die Blitze blenden sie durch ihr Leuchten. Es rettet sich wer kann, Alles stäubt auseinander, und immer schwächer werden die Rufe „Corriamo! Fuggiamo!“ bis sie pianissimo und mit der Feierlichkeit einer Kirchen= cadenz enden und der Vorhang fällt.

Aber diese Scene war so groß, so furchtbar, so erschüt=
ternd daß sich Alles im Theater erhoben hatte. Es war,
als wollte man mehr sehen, mehr hören und zugleich dem
gewaltigen Genius Mozart's durch eine allgemeine Er=
hebung — wie sie bei dem Eintreten des Regenten üb=
lich — huldigen. Selbst der Churfürst war aufgestanden
und lehnte sich, sichtbar erschüttert, über die Brüstung der
Loge. Der Greis in dem Orchester aber stand auch. Seine
Kniee bebten, sein Herz schlug hörbar, seine Augen leuch=
teten und während dicke, dicke Thränen über seine gefurch=
ten Wangen liefen, stammelte er, die Hände wie zum Se=
gen ausstreckend:

„Unvergleichlich erhaben! Ehre, ewige Ehre, dir, mein
Sohn!"

Und trotz dieses ungeheuren Erfolges steigerten sich die
Schönheiten der Oper im dritten Acte dennoch von Scene
zu Scene. Aber fand sich denn nicht auch in ihm — zum
erstenmale seit die Welt steht — eine Musik, die nie auf=
hören wird melodisch, und classisch zu sein? eine pathetische
Declamation, eine harmonische und contrapunktische Wissen=
schaft, die selbst Bach verwirrt hätte; Instrumental=Stim=
men, so entworfen und combinirt, wie man sie in den schön=
sten Scenen Don Juan's trifft, die musikalische Einheit
und die dramatische Wahrheit, mit einem Worte die reine
Musik in ihrer ganzen Freiheit, Pracht und Größe und die
angewandte Kunst mit all ihrem Reize und ihrer unwider=
stehlichen Gewalt vor?

Es ist nichts Vollkommeneres in dieser Gattung je aus der Feder eines Componisten geflossen.*)

Und so steigerte sich denn auch die Theilnahme des Publikums bis in das Unglaubliche. Die blutenden Seelen der handelnden Personen lagen ja offen aufgedeckt vor Aller Augen, Ohren und Herzen! Ilia's Liebe und Hingabe, Elektra's Wuth und Racheschrei, Idomeneo's Verzweiflung griffen in jedes Herz. Ihre Thränen flossen und die der Zuhörenden nicht minder.

Und als nun Idomeneo das verhängnißvolle Gelübde nicht länger mehr geheimhalten kann, und er Idamante nennt, — — — das Recitativ in schmerzvollem Gemurmel erstirbt, und, sobald die den Thränen geweihte Tonart eingetreten ist, das Volk in tiefer Bestürzung ruft: „O voto tremendo! Spettacolo orrendo!" — — — wie groß, wie ungeheuer groß erhob sich da wieder Mozart's allgewaltiger Genius!

Alles starrte! Alles staunte, Alles bebte bei diesem hinsterbenden Rhythmus, dieser — die Seele durchbohrenden Grabesharmonie, welche mit dem ganzen Gewichte eines unüberwindlichen Fatums auf der Seele aller Anwesenden lastete. Da erschallten, wie aus den Tiefen der Unterwelt,

---

*) Oulibicheff in seinem Werke „Mozarts Leben" II.Thl. „Idomeneo re di Creta" 361—407, dem die Beurtheilung der Oper in diesem Kapitel entnommen ist, da der Autor des vorliegenden Buches, der „Idomeneo" mehr denn einmal mit Entzücken gehört hat, freudig beipflichtet.

Jahn: II. Theil. S. 449 bis 487.

die durch Sordinen gedämpften Trompeten und die bedeck=
ten Pauken, und es war, als wenn die Todtenglocke einer
ganzen Nation ertöne — und die Schrecken eines mit dem
Untergange ringenden Volkes erfaßten Alle!

Kein Auge war thränenleer, kein Herz ohne fiebrischen
Schlag, keine Seele ohne hohe Begeisterung und es be=
durfte des sanften, glücklichen Schlusses der Oper und des
göttlich=schönen Schlußchores: „Scenda Amor, scenda
Imeneo,“*) um die allzuaufgeregten Gemüther nur einiger=
maßen wieder zu beruhigen. Einen Beifallssturm aber,
wie er nun erfolgte, hatte Münchens Opernhaus noch nicht
erlebt, er tobte fort und wollte nicht enden und donnernd
trug der Jubelruf von vielen Tausenden den Namen „Mo=
zart“ in die Lüfte.**)

In der Orchesterecke aber saß ein alter, bleicher, vor
Freude zitternder Mann. Er regte sich nicht, als der Sturm
des Beifalls tobte; — er blieb unbeweglich, als die Menge
unter lauten begeisterten Gesprächen das Haus in dichten
Schaaren verließen; — er saß schweigend als die Räume
schon leer waren. Als aber die Strahlen der letzten er=
löschenden Lichter in das Orchester fielen, erleuchteten sie
matt und gespensterisch eine reizende Gruppe: Auf den
Knieen vor seinem alten Vater lag der große Meister des
„Idomeneo“ Wolfgang, Amadeus Mozart, und der
Vater hielt ihn selig umschlossen und küßte ihn auf die
Stirne — und beide schwiegen und weinten vor Erregung

---

*) „Steige nieder holder Amor, Hymen steig zu uns herab.“
**) Die Originalpartitur bei André in Frankfurt (Verz. 39).

und Freude; und zu beiden Seiten standen, wie Genien aus einer besseren Welt, Nannerl, Wolfgang's Schwester und Constanze Weber.

Auch ihre Augen waren feucht vor Thränen der Freude und des Entzückens. Constanze aber drückte leise einen Kranz auf Mozart's Haupt und lispelte erröthend:

„Dem Könige der Töne!“

———

König — und Knecht.

~~~~~~~

Seine hochfürstlichen Gnaden, des heiligen römischen Reiches Fürst und hochwürdigster Herr, Herr Hierony=mus, Josephus, Franziscus de Paula, Erzbischof zu Salzburg, aus dem fürstlichen Hause Colloredo, Wallsee und Möls, seit 1772 regierender Fürst zu Salzburg, hatte sich seit längerer Zeit nach Wien bege=ben, und bewohnte nun hier sein schönes und weitläufiges am Graben unweit der Dreifaltigkeitssäule gelegenes Palais.

Der Bau selbst war zwar alt und keineswegs von äußerer Schönheit, desto prachtvoller aber zeigte sich die innere Einrichtung.

Da sah man in den weiten Sälen und Zimmern die schönsten Tische von Lapis lazuli, die reichsten und schwer=sten krystallenen Kronleuchter, große ventianische Spiegel, herrliche Tapeten, kostbare Uhren, Basreliefs, Bildsäulen=

Büsten, Vasen, Cameen und was sonst nur zur Aus-
schmückung einer fürstlichen Wohnung dienen kann. Auch
an reich und künstlerisch gearbeiteten Crucifixen und Heili-
genbildern von Künstlerhand fehlte es bei dem frommen
Herrn nicht.

Aber in diesen vornehmen Räumen war es bis jetzt
noch stille, denn die Glocke hatte erst neun Uhr geschlagen
und seine hochfürstlich-erzbischöflichen Gnaden lagen noch
tief in den Armen des Schlafes.

Nur in dem weiten und geräumigen Bedientenzimmer,
welches sich gleicher Erde, dicht neben der Einfahrt, befand,
zeigte sich einiges Leben, indem die Dienerschaft eben von
dem Frühstücke aufgestanden war. Das Zimmer war schlecht
und armselig möblirt, aber die Welt, die sich darin bewegte,
war sicher noch armseliger und schlechter.

Die Bedientenwelt ist eine sehr verkehrte Welt, wie
schon das Wort Bedienter statt Bediener oder Diener
beweist. Die ersten Bedienten waren wohl die in den
Kriegen gewonnenen Sclaven, aus diesen gingen Leibeigene,
aus ihnen Knechte und dann die Bedienten im heutigen
Sinne hervor. Sie bilden daher eine eigene Welt für sich,
deren Tummelplätze die Antichambres sind: Orte, où la
servitude se console par l'insolence et s'égaye par
la malignité,*) wie ein geistreicher Franzose sagt. In
der Regel nährt dabei das Bedientenhandwerk den Mann

---

*) Orte: wo die Sclaverei sich mit Unverschämtheit brüstet und
sich mit Bosheit erheitert.

leichter und besser als andere Gewerbe, darum ist neben
Areganz hier die meiste Faulheit und Verderbenheit zu
Hause. Rousseau sagt aus diesem Grunde von den Bedienten: „ce sont les derniers des hommes après leur
maitres!“ (Sie sind die schlechtesten Menschen nach ihren
Herren); ein Neuerer aber ruft: „Gott machte die Engel,
und der Teufel die Bedienten!“ Aber man braucht den
Teufel gar nicht dazu, denn es heißt nicht umsonst: „Wie
der Herr, so der Knecht!“ Ist dieser grob, sind jene
gewiß noch gröber; — ist der Herr lüderlich, so ist es sein
Diener noch mehr; — spreizt sich jener in Stolz und
Hochmuth, kennt die Unverschämtheit seiner Domestiquen
gewiß gar keine Grenzen. Je größer aber das Haus, desto
größer der Tempel der Faulheit im Bedientenzimmer! Und
was ist hier die Arbeit dieser Edlen? .... Zungendresche-
rei, gemeine Scherze machen, die Herrschaft herunterziehen,
Andere verleumden, spielen, gähnen und schlafen!

Und gähnend und dehnend frug jetzt Krippner, der
Leib-Kammerdiener seiner fürstbischöflichen Gnaden:

„Wie viel Uhr ist es Germain?“

„Neun Uhr!“ — versetzte dieser.

„Neun Uhr!“ — fuhr Krippner gelangweilt fort, indem er sich unfläthig, Hände und Füße lang ausgestreckt,
auf seinem Stuhle hin und her schauckelte. —

„Der Teufel soll das frühe Aufstehen holen. Warum
wird denn nicht um zehn Uhr gefrühstückt?“

„Weil seine hochfürstlichen Gnaden es so angeordnet
haben!“ — entgegnete der Unterkoch.

„Ach was: angeordnet!". — rief Krippner. — „Das
ist ja eine Dummheit! So etwas ordnet man sich selbst an.
Unſer frommer Alter ſchläft jeden Morgen bis elf Uhr,
was brauchen wir da ſo früh aus dem Neſte zu kriechen.
Von morgen an wird bei uns um zehn Uhr gefrühſtückt."

„Aber . . ." fiel der Unterkoch ein.

„Ich hätte bald etwas auf euer „aber" geſagt!" —
ſchrie jetzt Krippner grob. — „Wenn ich's ſage, iſt es
ſo gut, als ob's der Herr geſagt hätte. Und nun haltet
das Maul und ſcheert euch in die Küche oder zum Teufel,
wohn ihr wollt!"

„Ja!" — riefen jetzt alle übrigen Anweſenden. —
„Krippner hat Recht, wir wollen um zehn Uhr früh=
ſtücken."

Der Unterkoch zuckte die Achſeln, dann ſagte er:

„Wenn es der Herr Leib-Kammerdiener verantworten
wollen, mag's ſein."

„Ich verantworte es!" — ſagte dieſer unter entſetzlich
lautem Gähnen, und der Unterkoch ging nach der Küche.

Eine längere Pauſe entſtand. Herr Krippner ſchau=
kelte ſich unterdeſſen gemüthlich hin und her; Zetti der
Zuckerbäcker, kaute gedankenlos an den Nägeln; der Mund=
koch ſetzte mit geſchloſſenen Augen ſein Morgenſchläfchen
fort; der Leibkutſcher ſtand rauchend am Fenſter, den Wie=
ner Dienſtmädchen am gegenüberliegenden Brunnen von
Zeit zu Zeit Kußhände zuwerfend; Veit, der erſte Zimmer=
lakai erzählte leiſe ſeinem Freund und Kameraden, dem
Laufer, von den Abenteuern, welche er dieſe Nacht bei dem

Besuche seines Schatzes gehabt; Germain, der zweite
Zimmerlakai aber und der Unterkammerdiener saßen in
verschiedenen Winkeln des Zimmers und lasen Zeitungen.

Endlich rief Krippner über das allgemeine Schwei=
gen geärgert:

„Kerls! seid ihr heute wieder verdammt langweilig!
hat Keiner etwas zu erzählen? Weiß Keiner einen schlech=
ten Witz?"

„Der Witz scheint ihnen allen ausgegangen!" — sagte
Zetti, die abgekauten Nägel mit stillem Wohlbehagen be=
trachtend.

„Da muß ich wieder helfen!" — fuhr der Leibkammer=
diener fort. — „Schlechter Witz ist immer besser als gar
keiner, sagt immer unser Alter. Der Teufel halte sonst
die Langeweile aus."

„Nun!" — versetzte der Mundkoch, die matten Augen
halb öffnend, gedehnt und schläfrig. — „Der Herr Leib=
kammerdiener hat nur zu befehlen."

„Gut!" — rief dieser, indem er dummdreist lachte. —
„Von den zwei Affen dort, die die Zeitungen vor ihre leeren
Schädel halten, soll immer einer eine Zeile aus seiner
Zeitung laut lesen, und der Andere sogleich eine Zeile aus
seiner Zeitung folgen lassen."

„Bravo! bravo!" — riefen Alle von diesem großen
Gedanken begeistert, und die beiden Lesenden, des Leib=
kammerdieners Zorn und Bosheit fürchtend, fügten sich
willig.

Jetzt entstand eine Scene, die an Plattheit und rohem

Jubel Alles übertraf: Beide lasen ihre Zeilen hintereinander, und nach jedem Innehalten erfüllte ein wieherndes Lachen den Raum.

„Dem Freiherrn von Bruck ist ein junges Rind entlaufen . . ." las der Eine;— „am nächsten Sonntag seine Antrittspredigt zu halten," — der Andere.

„Gestern wurde meine Frau von einem gesunden Knaben entbunden" — — — „ich werde, mit Hülfe meines Handlungsdieners, mein Geschäft unter der bisherigen Firma fortsetzen."

„Der Ochse, der auf dem letzten Markte ein Kind zertreten" — — — „wird wohl schwerlich mehr bei Hofe erscheinen dürfen."

„Den 13ten schlug der Blitz in den Dom" — — „er setzte Tags darauf seine Reise weiter fort."

„In dem Schreibpulte des verstorbenen Herrn Prälaten befanden sich" — — — „zwei Fässer Rheinwein und 200 Flaschen Champagner."

„Gestern ist die neue Sängerin zum ersten Male mit vielem Beifall aufgetreten" — — — „man konnte das Gebrüll im nächsten Dorfe hören."

„Unter den ehrwürdigen P. P. Kapuzinern hat" — — „die Rindviehseuche raubt ein Stück um das andere."

„Die Vermählung des Grafen Peimst ist glücklich vollzogen worden" — — — „es hat dabei zum Glück nicht gezündet."

„Bei der neuen Galanteriehändlerin auf dem Graben" — — „Schnupfen, Gicht und andere bedenkliche Zufälle."

„Bei Kaufmann Rall frische Häringe" — — „man nimmt vor Schlafengehen 6 bis 8 Stück in Oblaten."

„Eine Jungfer von guter Herkunft wünscht als Kammermädchen Unterkunft" — — „das Titelblatt fehlt, und hinten steht die Zahl 60."

Das Lachen und Jubeln hatte sich hier bis in das Ungeheure gesteigert, als plötzlich angeklopft wurde.

„Verflucht!" — rief der Herr Leibkammerdiener — „welcher Esel stört uns da!"

Aber die Thüre öffnete sich jetzt und eine in Trauer gekleidete Frau zeigte sich auf der Schwelle. Sie sah bleich und niedergebeugt aus, und obwohl ihre Mienen und Bewegungen Bescheidenheit, ja Aengstlichkeit, verriethen, war doch auf den ersten Blick zu erkennen, daß sie den bessern Ständen angehöre. Nichts desto weniger herrschte ihr Krippner — den die Unterbrechung der eben gepflogenen geistreichen Unterhaltung ärgerte — ohne sich von seinem Stuhle zu bewegen ein rauhes: „Was gibt's?" zu.

Die Eingetretene erschrak sichtlich. Verlegen sah sie sich in dem sauberen Kreise um, als suche sie einen höheren und gebildeteren Beamten des fürstbischöflichen Hauses. Krippner, der dies wohl merkte, ärgerte sich darüber noch mehr, und als die Trauernde nun nach dem Herrn Leibkammerdiener des Herrn Erzbischof frug, rief er noch roher:

„Ich bin's, was will Sie?"

Aber Verwunderung und Schrecken lähmte die Zunge der armen Frau.

„Nun, zum Teufel!" — polterte Krippner jetzt heraus.

— „Wir haben unsere Zeit nicht gestohlen! Wenn Sie etwas will und hat, so thu' Sie das Maul auf!"

Die Frau zitterte am ganzen Leibe und deutlich sah man ihr den inneren Kampf an, den ihr der Entschluß, zu bleiben, kostete. Aber Noth und Elend siegten wohl über den empörten Stolz, und zwei dicke Thränen in den Augen sagte sie:

„Ich bin Salzburgerin. Mein Mann ist auf einer Reise hieher plötzlich gestorben und so sehe ich mich genöthigt . . . ."

„Sie kann Ihre Mühe sparen" — rief Krippner — „wir haben des Bettelvolkes genug hier. Es wird nichts gegeben!"

„Aber, mein Gott!" — rief die Unglückliche, jetzt in der That empört, — „ich habe mich ja mit keiner Bitte an Sie gewendet; nur diese Bittschrift möchte ich zu Händen des Herrn Fürstbischof gebracht wissen. Er ist ein Diener Gottes und mein Herr und Landesvater, er wird das Flehen einer Unglücklichen nicht überhören.",

„Da müßte er Ohren wie der Stephansthurm haben, wenn er all das Bettelvolk an= und erhören wollte!" — rief der Herr Leibkammerdiener der Armen frech in das Gesicht, und ein schallendes Gelächter aller Anwesenden belohnte diesen Witz.

Einen Augenblick stand die Trauernde wie vernichtet; dann überflog ihr blasses Gesicht eine tiefe Röthe und mit einem Blicke unaussprechlicher Verachtung auf Krippner und seine Genossen, wandte sie sich zur Thüre und ver=

schwand. Aber ein rohes Gelächter folgte ihr bis auf die
Straße.

„Die hat der Herr Leib = Kammerdiener gut abfahren
lassen!" — rief jetzt Germain heiter. — „Wenn's der
Herr erfährt, wird er sich vor Lachen das Bäuchlein halten
müssen."

„Wie gestern!" — rief Krippner — „als ich ihm
beim Ankleiden erzählte, wie ich bei der letzten Soiree zu
so enormen Trinkgeldern kam."

„Von denen wir verflucht wenig erhalten haben!" —
murmelte Germain mit einem Blick voll Neid.

„Und wißt ihr, wie ich es gemacht habe?" — fuhr
Krippner fort. — „Spitzt eure langen Ohren und öffnet
eure leeren Verstandeskasten, damit ihr etwas von einem
klugen Kerle lernt."

„Nun?" — sagte halb schmeichelnd, halb boshaft der
erste Zimmerlakai — „der Herr Leibkammerdiener sind
aber auch ein Ausbund von Klugheit und Welterfahrung."

„Wenigstens ist meine große Zehe gescheiter, als ihr
Alle! — — Also paßt auf! Beim Weggehen der hohen
Herrschaften nahm ich einen der großen silbernen Leuchter,
die unten den breiten ausgehöhlten Rand haben; auf diesen
Rand nun legte ich von vornherein einige Thaler....!
Das zog! Fürst Galitzin sah die dicken Dinger und legte
auch einen hin. Ebenso machte es die Gräfin Rom =
beck".....

„Und der filzige Graf Cobenzl?" — frug Ger =
main mit maliciösen Blick.

„Der Geizkragen!" — rief Krippner. — „Er legte wahrhaftig einen Zwanziger hin. Aber: hast du nicht gesehen! fort war er. Wie ein Taschenspieler hatte ich ihn im Sack und einen neuen Thaler auf dem Rande des Leuchters. Nun folgten die Anderen Schandehalber alle und ich machte ein prächtiges Geschäft."

„Und wo ist unser Theil?" — frug Germain.

„Schaafskopf! — würde bei einer solchen Frage unser Alter sagen; was in meiner Tasche ist, ist gut aufgehoben ..... Aber laßt die Dummheiten jetzt, und gebt Karten her, wir wollen ein Spielchen machen. Wer Lust hat, kann sich von meinen Thalern welche holen."

Und der Herr Leib=Kammerdiener, der Herr Mundkoch, der hochfürstliche Zuckerbäcker und Veit, der erste Zimmer=Lakei, setzten sich zum Spiele. Die übrigen gingen ab und zu, rauchten, schwatzten, gähnten oder schliefen.

So verging etwa eine Stunde, als ein Wagen vor dem Palais aufuhr. Aber es war keine elegante Chaise mit Wappen und Livree,..... es war ein ganz einfacher Miethwagen, auf welchen man hinten einige Koffer gebunden hatte.

Krippner und Germain, die sich einen Moment auf ihren Stühlen in die Höhe gestreckt hatten, um zu sehen, von welcher Qualität der anfahrende Wagen sei, blieben daher, als sie einen sogenannten „Rumpelkasten" bemerkten, ganz ruhig sitzen. Nur frug der letztere den Herrn Leib=Kammerdiener erstaunt:

„Wer kommt denn da in dem elenden Ding an?"

„Der lüderliche Geiger!" — entgegnete Krippner.

„Wer?" — wiederholte Germain.

„Nun — wer? — der Mozart. Weißt doch, daß der Alte wüthend über den Schlingel ist, der als Organist und Musikant sein Brod frißt und in München lumpt und Opern schmiert. Aber er wird dem Kerl schon den Kopf waschen!"

„Ich möchte nicht in seiner Haut stecken, wenn der Alte auf ihn brummt!" — versetzte Germain die Karten mischend und nach der Thüre schauend, durch welche Wolfgang Amadeus Mozart, der auf Befehl des Fürstbischofs München schnell verlassen und nach Wien zu seinem gestrengen Herrn hatte reisen müssen, eben eintrat.

Mozart in seiner gutmüthigen Weise grüßte freundlich, obgleich es ihm gar nicht freundlich zu Muthe war; aber von den Anwesenden schien keiner ihn zu bemerken.

„Nun, Herr Krippner!" — sagte er gelassen. — „Sie sind ja gewaltig in ihr Spiel vertieft. Wollen Sie mir nicht mein Zimmer anweisen lassen und meine Ankunft seiner Hochfürstlichen Gnaden melden?"

„Bub', Dam', König, Aß!" — rief Krippner in diesem Momente, die genannten Karten hinter einander mit solcher Macht auf den Tisch werfend, daß jeder Wurf laut aufschallte.

„Das Spiel ist mein!..... Ah, Monsieur Mozart! .... Germain, zeige ihm doch sein Zimmer. Melden kann ich noch nicht, denn der Herr schläft noch. Es braucht

aber dem Monsieur Mozart auch gar nicht zu pressiren,
der Kopf wird ihm noch früh genug gewaschen werden."

Mozart biß sich auf die Lippen; denn so wenig er eitel
und hochmüthig war, beleidigte ihn — den großen Mann,
den gefeierten König der Töne — diese freche und gering-
schätzige Sprache in dem Munde eines Bedienten doch.
Aber er fühlte sich zu erhaben über diesen Wurm in Livree
und sagte daher kalt:

"Das sind Dinge, die der Herr Leib-Kammerdiener
mir überlassen wird. Ich verlange mein Zimmer und Mel-
dung bei seiner Hochfürstlichen Gnaden und weiter nichts."

Krippner lachte laut auf, dann, sich auf seinem Stuhle
gemächlich zurücklehnend, sagte er:

"Der Monsieur Mozart scheinen in München sehr
vornehm geworden zu sein. Wer wird denn gleich so hochmüthig über seine Collegen herfallen?"

"Collegen?!" — wiederholte Mozart verächtlich —
"ich weiß nicht von wem der Herr Kammerdiener spricht."

"Leib-Kammerdiener! — wenn's beliebt" — versetzte
Krippner mit besonderer Betonung der ersten Sylbe.
— "Ich habe übrigens uns gemeint, die wir hier sind."

"Ich wüßte nicht"—sagte Mozart immer kälter und
finsterer — "was wir gemein mit einander hätten."

"Nun,..... wir speisen zum Beispiel zusammen."

"Wir?!" — rief jetzt Amadeus, und Staunen und
Unwille erstickten ihm fast die Stimme.

Krippner bemerkte dies mit heimlicher Freude, und
die satanische Lust, Mozart für sein Auftreten zu demü-

thigen, ihn, nach Art gemeiner Seelen, zu sich in den Staub
herab zu ziehen, kitzelte ihn so, daß seine Augen in bos=
hafter Freude aufblitzten.

„Ja, wir!" — sagte er daher mit hämischem Tone.
— „Hier, im Bedientenzimmer, wird täglich um halb zwölf
Uhr zu Mittag gespeist. Monsieur Mozart wird da eine
ganz lustige und charmante Gesellschaft finden: Mich, den
Unter=Kammerdiener Leibholz, den Herrn Zuckerbäcker
Zetti, den Herrn Mundkoch und seinen Gehülfen, Ger=
main, Veit und die beiden Musiker Ceccarelli und
Brunetti." *)

Mozart stand — wie man zu sagen pflegt — der Ver=
stand stille. Es war ja unmöglich, daß der Fürstbischof
Künstler, wie Mozart und die beiden Ebengenannten,
im Bedientenzimmer und mit diesem gemeinen Volke an
einem und demselben Tische speisen lassen konnte. Dennoch
schien Krippner die Wahrheit zu sprechen, denn der Aus=
druck seines flachen Gesichtes war so triumphirend als
maliciös.

Glücklicherweise schellte es in diesem Augenblicke —
ein Zeichen, daß der Herr Fürstbischof erwacht sei, und
nach seinem Leib=Kammerdiener verlange. Krippner
sprang denn auch wie der Blitz auf, warf Karten und
Pfeife weg, musterte rasch vor dem Spiegel seinen Anzug
und sein Gesicht, das jetzt plötzlich einen höchst unterthäni=

---

*) Geschichtlich wahr: Oulibicheff: I. Nissen: S. 438.

gen Ausdruck annahm und verließ dann eilig das Bedien=
tenzimmer.

Mozart athmete auf. Es ward ihm ordentlich leicht,
bei der Entfernung dieses widerlichen Menschen. Als ihn
aber Germain, indem er ihn nach seinem Zimmer führte,
ebenfalls wie einen Bruder und Kamerad behandeln wollte,
führte er diesen mit so entschiedenem Ernste ab, und wies
ihn so bestimmt in die ihm gebührenden Grenzen zurück,
daß er ganz verdutzt in das Bedientenzimmer zurückkam.

Aber welche Empfindungen durchstürmten nun des
jungen Mannes Brust. Er, der vor Kaisern und Köni=
gen gestanden, der so oft an fürstlichen Tafeln gespeist,
dessen fast ausschließlicher Umgang bisher Fürsten, Gra=
fen, Barone und Künstler ersten Ranges gewesen, er sollte
nun mit Bedienten auf gleicher Stufe stehen, --
mit Bedienten im Bedientenzimmer speisen?!

Er, den der Fürst Galizin, die Gräfin Thun, Graf
Cobenzel, die Gräfin Romberg und viele andere des
höchsten Wiener Adels schon im Voraus auf das freund=
lichste schriftlich zu sich eingeladen hätten, sollte in diesen
Häusern gestehen müssen, daß er von seiner Fürstbischöf=
lichen Gnaden, wie ein Livree=Bediente gehalten werde?!

Er, der eben noch ganz München nebst dem Chur=
fürstlichen Hofe mit seinem neuen, großartigen, herr=
lichen, von aller Welt angestaunten Werke ent=
zückt und begeistert hatte; — er, der Welten neuer
Tonschöpfungen in seinem Inneren trug, der gefeierte Com=

ponist des Idomeneo, der erste Musiker seiner Zeit....
er galt seinem Herrn nicht mehr als ein Lakai?!

Mozart's ganzes Innere empörte sich, — nicht aus
Stolz und Hochmuth, aber aus verletztem Ehrgefühl. Es
zuckte in ihm auf mit der ganzen Energie eines mächtigen
Genies! Der Entschluß, dem Fürstbischof seine bettelhafte
Anstellung von 400 fl. — vor die Füße zu werfen, trat
vor seine Seele!.... aber.... sein alter Vater! Würde
ein solches Verfahren, bei dem bekannten Charakter des
Fürstbischofs, nicht auch dem guten alten Manne seine Stelle
gekostet haben? — und..... o unglückseliges Fatum! auch
in München war Mozart — trotz aller Begeisterung
des Churfürsten, des Hofes und der Stadt — zu keiner
Stelle gelangt. Graf Seinsheim hatte recht behalten:
die 35 Leibärzte, Hofmedici und Leibchirurgen, von wel=
chen nur fünf beschäftigt waren und dreißig faul=
lenzten, und die 135 Küchenbeamten, von welchen drei=
viertel ihren Gehalt total für nichts empfingen,
lebten nach wie vor in Ruhe und Freuden, bestahlen dabei
so viel als möglich Land und Landesfürst..... aber für
einen Wolfgang Amadeus Mozart, — für den Com=
ponisten des „Idomeneo"..... war das Geld zu einer
Anstellung nicht vorhanden!

Das Wenige aber, was Mozart für seine Oper be=
kommen, hatte er zu seinem Unterhalte und zur Unter=
stützung seines Vaters und seiner Schwester gebraucht.

Wie ein ungeheurer, unüberwindlicher Riese streckte
daher die eiserne Nothwendigkeit ihren Arm über ihn

aus. „Du mußt bleiben!" — ertönte es wie mit Don=
nerton in seiner Seele, und der König der Töne fühlte sich
ein Knecht des Schicksals!

„Monsieur Mozart!" — rief jetzt die Stimme Ger=
main's mit freudiger Malice der halb geöffneten Thüre
herein — „Seine hochfürstlichen Gnaden haben befohlen,
auf der Stelle zu erscheinen!

Wolfgang raffte sich zusammen. Er wußte, was ihn
erwarte; aber er waffnete sich mit edlem Selbstbewußtsein
und mit dem Gedanken an seinen alten Vater, dessen einzige
Stütze er war, und der ja früher auch ihm sein ganzes
Leben gewidmet.

Der Fürst=Erzbischof empfing ihn finster und kalt. Er
war ein Mann von vorgerücktem Alter, aber noch sehr
kräftig. Seine Korpulenz, sein geröthetes Gesicht, seine
dicken Lippen und sinnlichen Züge verriethen den Genuß=
menschen; aber es lag dabei auch ein Ausdruck von unaus=
sprechlichem Hochmuth, — gepaart mit der derbsten Roh=
heit, in diesem Gesichte. Und dies Gesicht log nicht:

„Ist er endlich einmal da!" — rief er jetzt mit bar=
schem Tone Mozart zu, als dieser kaum eingetreten. —
„Es war ihm, bei Gott, gerathen, daß er heute eintraf!
Glaubt er vielleicht ich bezahle ihn umsonst?"

„Hochfürstliche Gnaden halten zu Gute" — sagte
Mozart ruhig und mit Würde — „ich war auf Urlaub."

„Der längst vorbei ist."

„Er wurde mir durch fürstliche Munifizenz, auf Er=
suchen meines Vaters, verlängert."

„Was verlängert! Ich brauche meine Leute hier. Aber ich kenne das! das Lumpenleben, Allobriatreiben, Opern schmieren und dergleichen, sitzt euch lüderlichem Musikantenvolke mehr in dem Kopf, als der Dienst!"

„Hochfürstliche Gnaden" — versetzte hier Mozart zitternd vor Indignation — „gegen mein Leben wird Niemand etwas einwenden können, und meine Oper kennt die Welt!"

„Geschwätz, hochmüthiges Geschwätz!" — rief der Erzbischof, dunkelroth vor Zorn. — „Aber ich will ihm den Componistendünkel schon vertreiben. Um zehn Uhr Morgens ist er von jetzt an jeden Tag meiner Befehle gewärtig, halb zwölf essen im Bedienzimmer, den Nachmittag und Abend Musik bei mir, oder.... wo ich ihn hinschicke!"

Es gibt Seelenschmerzen im Leben, die nicht beschrieben, nur gefühlt werden können. Ein solcher Schmerz durchschnitt jetzt des jungen Künstlers Brust mit einer Gewalt, daß er hätte laut aufschreien können. Er bebte am ganzen Körper, der Kopf glühte ihm, die Hände fühlten den Drang sich zu ballen, die Seele strebte, diese unwürdigen Fesseln zu zerreißen; aber..... der alte geliebte Vater!

„Ich werde meiner Pflicht stets pünktlich nachkommen!" — sagte Wolfgang jetzt mit stiller Resignation, — „nur bitte ich Ew. Gnaden, mir wenigstens zu gestatten, dem Herrn Fürsten Galitzin, der Frau Gräfin Thun und einigen anderen hohen Herrschaften meine Aufwartung machen zu dürfen."

„Was Aufwartung!" — rief der Fürst und schoß Blitze des Zornes nach Mozart. — „Sticht ihn schon wieder der Hochmuthsteufel? bleib er bei Seinesgleichen."

„Aber . . . . ."

Aber der Herr Fürstbischof kannte sich jetzt in seinem Zorne selbst nicht mehr.

„Halt er das Maul und pack' er sich jetzt!" — schnaubte er wüthend. — „Ich bezahle ihn und mir hat er zu geigen, wo und wann ich will!"

Und mit diesen Worten zeigte der fromme Herr in höchst unfrommer Leidenschaftlichkeit nach der Thüre. Das Uebermaß dieser Rohheit hatte indessen Mozart sein ruhiges und edles Selbstgefühl wiedergegeben. Es trug ihn — den einfachen bescheidenen bürgerlichen, aber durch sein Genie geadelten Menschen — hoch über diesen, mit der Fürsten= krone und dem Bischofshute geschmückten, aber sittlich und geistig so niederen Mann. Hoch und stolz aufgerichtet, sandte Mozart daher dem Fürstbischof einen Blick der Ver= achtung zu und verließ das Zimmer. Auf dem seinen aber angekommen, netzten Thränen seine Augen, und — wie ge= brochen an Leib und Seele — rief er auf einen Stuhl nie= dersinkend: „Du bist ein Knecht!"*)

---

*) Ueber die schmachvolle Behandlung Mozart's durch den Erzbischof von Salzburg in Wien, siehe Oulibischeff I. S. 172. Nissen: Seite 443. Jahn.

Zerbrochene Fesseln.

~~~~~~

Es ist mit der „Gesellschaft", dem „gesellschaftlichen Leben", oder unserem Umgang etwas ganz Eigenthümliches.

Jede Gesellschaft, in der wir uns auch nur entfernt
angenehm und behaglich bewegen sollen und wollen, erfor-
dert vor allen Dingen Aehnlichkeit der Elemente: gleiche
oder doch annähernd gleiche Denkungsart, Bildung und
Stellung. Stehen diese drei Dinge in schroffem Gegensatz, so fühlen wir uns von vorn herein unbehaglich, unglücklich, zurückgestoßen.

Aber der gesellschaftliche Umgang fordert, soll er ein
angenehmer sein, auch noch ein Zweites: nämlich eine gegenseitige Accommodation. Ganz er selbst sein kann
Jeder nur so lange er allein ist; wer also nicht die Einsamkeit liebt, der liebt auch nicht die Freiheit: denn nur sobald man
allein ist, ist man ganz frei! Zwang der einen oder der an-

deren Art ist der unzertrennliche Gefährte jeder Gesell=
schaft. Daher wird Jeder in dem genauen Verhältniß zu
dem Werthe seines eigenen Selbst die Einsamkeit fliehen,
ertragen oder lieben. Denn in ihr fühlt der Jämmerliche
seine ganze Jämmerlichkeit, der große Geist seine ganze
Größe, Jeder sich als das, was er ist.

Ferner, je höher ein Mensch auf der Rangliste der Na=
tur steht — d. h. je edler, zartfühlender, talentvoller, ge=
nialer er ist — desto einsamer steht er unter der unend=
lichen Masse der Alltagsmenschen der hohen und niederen
Stände da. Sie verstehen ihn nicht, und so bringt die häu=
fige Umgebung heterogener Wesen störend, ja, feindlich auf
ihn ein, raubt ihm sein Selbst und hat nichts als Ersatz
dafür zu bieten. Sodann, während die Natur zwischen den
Menschen die größte Verschiedenheit im Sittlichen und Geisti=
gen gesetzt hat, stellt die Gesellschaft — diese für nichts ach=
tend — sie alle gleich, oder vielmehr: sie setzt an ihrer Stelle
die Unterschiede und Stufen des Standes und Ranges, welche
die Rangliste der Natur sehr oft diametral entgegenlaufen.
Bei dieser Anordnung stehen sich nun diejenigen, welchen
die Natur niedrig gestellt hat — also die Dummen, die
Bornirten und Gemeinen — schon ihrer Mehrzahl wegen,
sehr gut; die Wenigen aber, welche sie hochstellte — die
Edlen, Zartfühlenden, Großdenkenden — kommen dabei zu
kurz, da die Trivialität der Masse triumphirt.

Oder wäre es vielleicht nicht so? wäre dies Urtheil zu
hart oder zu streng?

Ein einziger Blick in das Leben wird entscheiden.

Selbst die sogenannte gute Gesellschaft läßt Vorzüge
aller Art gelten, nur nicht die geistigen! Alles was
den Stempel der Wahrheit, des Geistes, ächter Größe
trägt .... ist hier Kontrebande. Die „sogenannte"
gute Gesellschaft verpflichtet uns gegen jede Thorheit, Narr-
heit und Verkehrtheit, die gränzenloseste Geduld zu beweisen ..... die persönlichen Vorzüge großer und bedeuten-
der Menschen aber ..... die sollen sich Verzeihung erbet-
teln, oder ..... sich verbergen.

Keiner von allen denjenigen, die da fühlen, daß sie
geistig ein Nichts sind, will übersehen sein: daher der
Haß, die Verfolgung und Zurücksetzung gegen alles Große
und das jammervolle Liebäugeln und Erheben alles Kleinen.

Daher hat denn auch die Gesellschaft, welche man die
„gute" nennt, nicht nur den Nachtheil, daß sie uns Menschen darbietet, die wir weder loben noch lieben können, ...
nein! sie läßt auch nicht einmal zu, daß wir selbst sein, wie
es unserer Natur angemessen ist; sie nöthigt uns vielmehr,
des Einklanges mit den Anderen wegen, einzuschrumpfen,
oder gar uns selbst zu verunstalten. Oft müssen wir daher,
mit schwerer Selbstverläugnung, dreiviertheil unserer selbst
aufgeben, um uns den Andern zu verähnlichen.

Aber wegwerfen, geradezu wegwerfen müßte sich
der edlere Mensch, und in seinem eigensten Wesen selbst
vernichten, wollte er sich der gemeinen Gesellschaft accomo-
diren! Gewaltsam in sie geschleudert, wird er daher auf
eine Folter gespannt, oder zum geistigen Selbstmord verdammt, und nur eines bleibt ihm dann zu seiner Rettung,

sich mit sich selbst, mitten im Meere der Gemeinheit, auf die Insel der eigenen Einsamkeit zu flüchten. Je verlassener und einsamer er aber hier steht, desto riesiger wird er sich über die Erbärmlichkeit seiner Umgebung und der Welt erheben.

Dies letztere war jetzt Mozart's Fall.

Der Unterkoch hatte eben — halb zwölf Uhr — der Dienerschaft des Herrn Fürstbischof von Salzburg zum Mittagsessen geläutet und die tägliche Gesellschaft des Bedientenzimmers hatte Platz genommen.

Die zwei Leib=Kammerdiener, Krippner und sein College, saßen oben an; dann kamen der Controlleur, Herr Zetti, der Zuckerbäcker, die Zimmerlakaien, Germain und Veit, endlich die Köche und unten, den Köchen gegen= über, Wolfgang Amadeus Mozart und die beiden Kammer=Musiker Ceccarelli und Brunetti.*) So hat= ten es seine Hochfürstlichen Gnaden der Herr Fürstbi= schof Hieronymus, Josephus, Franziscus de Paula, aus dem fürstlichen Hause Colloredo= Wallsee und Mös, angeordnet und befohlen.

Wie peinlich Mozart, der so oft schon mit Fürsten gespeist, diese Lage war, kann man sich denken. Schon die frühe Zeit des Essens war ihm höchst fatal, da er um halb zwölf Uhr noch gar keinen Hunger hatte; indessen, was

---

*) Geschichtlich wahr! Siehe W. A. Mozart's Brief vom 17. März 1781 aus Wien an seinen Vater in Salzburg. Nissen: Seite 437.

konnte er in seiner Lage machen, und . . . . besser ohne
Appetit, als gar nicht zu Mittag speisen.

„Donnerwetter!" — rief jetzt Krippner, der täglich,
als der Erste, das große Wort an der Tafel führte, —
„da hab' ich heute einen prächtigen Witz von unserem Leib=
medicus, Dr. Unzer, gehört!"

„Nun" — verſetzte Zetti kauend und die halb abge=
nagten Knochen eines Backhänderls auf den Teller ſpuckend—
„heraus damit!"

„Der Unzer ist doch ein verfluchter Kerl!" — fuhr
Krippner fort — „vorgeſtern war er hier bei einem rei=
chen Handelsherrn, der ihn von Salzburg aus kennt, zu
Tiſch. Nach dem Eſſen zeigt ihm dieſer ſein ganzes Haus,
Stallung und Remiſe, endlich öffnet der Krämer auch noch
eine kleinere Stallthüre und ſagt lachend: „Hier wohnt
mein Doctor, ſeine Recepte bekommen mir trefflich!" Un=
zer ſah hinein und erblickte . . . einen Eſel. Aber er war
mit der Antwort nicht faul: „Das kommt daher,"— rief er
der Krämerſeele entgegen — „daß der Ihnen nichts ver=
ſchreibt, als was zu Ihrer Natur paßt!"

Ein, von der Bedientenwelt allgemein ausgeſtoßenes
ſchallendes Lachen lohnte dieſen Witz.

„Das war recht!" — rief Germain und leckte ſich
die Finger ab. — „Himmelſacrement! der hat ihm den
Eſel gut aufgebunden."

„Germain iſt ganz entzückt!" — ſagte jetzt der Mund=
koch, — „daß des Eſels Ehre gerettet wurde. Er nimmt doch
merkwürdig an dieſem Thiergeſchlechte Antheil."

„Das macht die Verwandtschaft!" — rief Krippner.
Alle, außer Mozart und den Musikern, lachten auf's
Neue. Nur Germain zuckte mit der Hand nach dem Glase,
das vor ihm stand, und es fehlte nicht viel, so wäre es dem
Herrn Leib=Kammerdiener an den Kopf geflogen.

„Laßt mir Germain ungehudelt!" — sagte jetzt Herr
Zetti, — „er ist ein Mann von Verdienst. Keiner von
euch allen wäre im Stande, so schöne Verschen für meine
Bonbons zu machen, wie er. Hochfürstliche Gnaden ge=
ruhen ihren großen Spaß daran zu haben."

„Hat er heute wieder etwas zusammengezimmert?" —
frug Krippner spöttisch. — „Der Monsieur Mozart
kann ja die Musik dazu schreiben."

Mozart schwieg, wie immer; aber Zetti rief:
„Hört nur, ganz wie sie der Herr gern hat:

„Jungfer Lieschen! weiß sie was?
Komm sie mit in's grüne Gras,
Laß in diesen Arm sich fassen
Und mich nicht mehr länger passen,
Sonst verblüh' ich stante pe,
Wie die bittre Aloe!"

„Prächtig! prächtig!" — riefen Veit und die Köche
und im Chorus wiederholte die Dienerschaft.

„Sonst verblüh' ich stante pe,
Wie die bittre Aloe!"

Ein neues Jauchzen füllte das Bedientenzimmer. Veit
aber rief:
„Noch etwas von deiner Dichtkunst, Germain!"

„Damit kann ich dienen" — sagte dieser stolz — „ich
hatte heute Morgen gute Laune, und da ging das Dichten
flott von der Leber."

„Also?"

Und Germain deklamirte mit Pathos:

„O Schönste! deinem Reiz kann Niemand widerstreben,
Kaum hat man dich erblickt, muß man sich ... übergeben!"

„Hallo!" — schrie Veit und schlug mit der Faust
auf den Tisch, daß Teller und Gläser klirrten — „das ist
ein süßer Vers, den muß Herr Zetti in eines seiner besten
Bonbons stecken."

„Nun" — sagte Germain — „ich wette der Alte
gaudirt sich herrlich darüber."

„Ja er ist vernarrt in solche Dinger!" — bestätigte
Zetti. — „Wißt ihr was, Germain, der Alte kann die
Federbüsche nicht leiden, die die Frauen jetzt in den Haaren
tragen, macht einmal schnell einen Vers darauf .... recht
grob .... das liebt seine Hochfürstlichen Gnaden!"

„Ja, ja!" — riefen Mehrere, die noch an Germain's
Dichtertalent zweifelten, und sich nun überzeugen wollten,
ob die bisherigen Proben auch eigene Perlen seien.

„Von den Federn? ...." — wiederholte Germain
und gab sich eine wichtige Miene.

„Ja! von den Federn auf den Köpfen der Frauen-
zimmer."

Germain sann einen Augenblick, dann rief er strahlenden Auges:

„Ich hab's!"

5*

„Nun?!" — tönte es von allen Seiten. Aber Ger=
main sagte stolz:

> „Ach, laßt das Fräulein Firlefanz!
> Gibt's ohne Federn eine Gans?"

Donnernder Jubel folgte diesen Worten. Mozart aber
stand auf; er war physisch und moralisch satt.

„Schon wieder fertig?" — sagte Germain, dem die
Anerkennung als Dichter jetzt einen stolzen Halt gegeben
hatte — „der Monsieur Mozart muß einen kleinen Ma=
gen haben, da er alle Tage beim halben Essen aufsteht."

„Er ist nicht für alle Speisen gemacht!" — sagte der
junge Musiker kalt und verließ mit Brunetti und Cecca=
relli, Tisch und Zimmer.

„Laßt den hochnasigen Gimpel!" — rief Krippner —
„er wird schon zahm werden, wenn er noch einige Wochen
hier ist. Bildet sich der Laffe von Musikmacher ein, er sei
mehr als wir!"

Und eine Fluth von Schimpf=, Spott= und Stichel=
reden folgten Mozart aus dem Bedientenzimmer nach.

Dieser aber wandte sich draußen zu seinen Collegen
und sagte mit Indignation.

„Es ist eine Schande von unserem Fürstbischof, uns
mit diesem Bedientenpöbel zusammen zu setzen! Wenn es
Ihnen recht ist, meine Herren, gehen wir gerade zu ihm
und bitten uns einen Tisch für uns au!"

Aber Brunetti und Ceccarelli zuckten die Achseln.

„Das würde sehr vergeblich sein!" — sagte dabei der
erstere. — „Haben Sie von Salzburg aus vergessen, daß

seine Hochfürstlichen Gnaden uns alle von jeher als Bediente tractirt hat?"

„Ich kann aber eine solche Behandlung nicht er= tragen!" — rief Amadeus.

„Sie werden es wieder lernen!"—meinte Ceccarelli— „warten Sie nur heute Abend ab."

„Heute Abend?" — frug Mozart — „was soll da geschehen? Wir spielen bei dem Fürsten Galitzin."

„Das heißt" — verbesserte Brunetti — „der Fürst= bischof hat uns für heute Abend dem Fürst Galitzin geliehen, wie man einen Lackai zum Aufwarten verleiht."

„Galitzin ist ein charmanter Mann!" — sagte Wolf= gang — „ich darf sagen, mein Beschützer und Freund!"

„Wenn Sie als Herr Mozart bei ihm sind!" — versetzte Brunetti. — „Anders aber in Gegenwart un= seres Alten, und der ist heute Abend da."

„Nun?"

„Nun, dann ist es der unabänderliche Wille seiner Hochfürstlichen Gnaden, daß sämmtliche Leute aus seiner Capelle sich vor der Thüre des Empfangzimmers bei dem dort aufgestellten Herrn Leib=Kammerdiener Krippner melden. Krippner beauftragt alsdann Germain, jeden von uns einzuführen und ihm eine Ecke des Salons anzu= weisen, wo er stumm und unbeweglich warten muß, bis der Befehl zum Beginn des Concertes kommt."

Mozart lachte hier laut auf. — „Sie scherzen, meine Herrn!" — rief er dann.

„Keinesweges!" — versicherten jene.

„Nun, dann muß ich Ihnen sagen" — fuhr Amadeus fort — „daß diese Art von Etiquette nicht nach meinem Geschmacke ist, und daß ich mich nicht daran binden werde. Eine solche Demüthigung Angesichts der Welt ist unserer unwürdig. Ich werde diese Fesseln brechen."

„Sie wollen doch nicht!" .... riefen hier Brunetti und Ceccarelli zugleich.

„Dem Fürstbischof Trotz bieten!" — sagte Mozart fest. — „Wenn ich zu Fürst Galitzin komme, bin ich Mozart, der Künstler, und jedem der Anwesenden gleich! Rechnen Sie auf mich!" — und mit diesen Worten reichte er jedem der Collegen die Hand und ging rasch nach seinem Zimmer.

Der Abend war angebrochen. Hunderte von Lichtern und Lampen flammten in den Sälen, Zimmern, Antichambres und Coridors, wie auf den Treppen und Gängen des fürstlich Galitzin'schen Palais. Alles war Licht, Pracht und Glanz und kündete den feinen Geschmack und den enormen Reichthum des Besitzers. Auch rollten die prächtigsten Equipagen vor; denn Jedermann kannte die Prachtliebe, Freigebigkeit und geschmackvolle Ausfüllung dieser Abende, und heute, ... heute sollte die Fürstbischöflich Salzburgische Capelle spielen, deren Hauptglanzpunkt der berühmte junge Maestro Mozart war, dessen Oper „Idomeneo" erst kürzlich so großes Aufsehen in München gemacht. Ihn sollte man heute Abend hören, sehen und sprechen, ... ein von ihm neu komponirtes Concert sollte zur Aufführung kommen.

Auch der Herr Fürstbischof war geladen; denn obgleich
weder Fürst Galitzin, noch der übrige hohe Adel, noch
der Kaiser selbst den Erzbischof ausstehen mochten, so mußte
man ihn doch zuziehen, weil dies der einzige Weg war, seine
Leute, und namentlich Mozart zu bekommen, von dem
man wußte, daß er von seinem Herrn aus Neid und Eigen-
nutz fast wie ein Gefangner gehalten wurde.

Galitzin empfing den geistlichen Herrn daher mit besonderer Aufmerksamkeit und führte ihn selbst in dem großen Saale ein, wo schon eine ebenso zahlreiche als glänzende Gesellschaft versammelt war. Des Erzbischofs erste
Blicke richteten sich nach der Orchesterecke, wo seine musikalischen Sclaven zu warten hatten.

In der That standen sie dort alle, steif, unbeweglich,
stumm wie die Fische und wagten sich nicht zu rühren.
Doch was ist das? Einer fehlt..... und dieser eine ist
Mozart.... Mozart, der verwegene kecke Bursche, der
es wagt, außer einem elend bezahlten Diener seiner Gnaden noch etwas anderes sein zu wollen!

„Nun!“ — murmelte der Erzbischof mit finsterer
Miene vor sich hin — „er soll mir für diese Frechheit
büßen.“

In demselben Augenblicke aber, in welchem die fromme
Seele des Herrn Erzbischofs diesen edlen Entschluß faßte,
ereignete sich in den Empfangszimmern eine andere Scene.

Mozart war gekommen, ganz bescheiden zu Fuße,
aber nicht ohne Eleganz gekleidet. Jetzt hatte er seinen
Mantel abgelegt, denn es war ein rauher Märzabend,

und schritt nun, den Hut unter dem Arme, mit solcher
Sicherheit und solch leichtem Anstande zwischen den sonst
angekommenen hohen Gästen die breite mit kostbaren Tep=
pichen belegte Marmortreppe hinauf, daß man ihm auf der
Stelle das Vertrautsein mit solchen Situationen ansah.

Wie das alles — trotz der frühen Jahreszeit — so ge=
schmackvoll und reich mit Blumen decorirt war; und siehe
da, dort an der Thüre des zweiten Empfangsaales stand,
mitten unter Flora's lieblichen Kindern, der gute Leib=
Kammerdiener Krippner. Wolfgang mußte innerlich
lachen, denn er kam ihm wie eine große Kreuzspinne vor,
die in ihrem Verstecke auf die armen Fliegen lauert, die
ihrem Netze zu nahe kommen. Und etwas spinniges lag
allerdings in Krippner's Gesicht, zumal jetzt, da er Mo=
zarts ansichtig wurde, auf den er längst gepaßt, und den
zu demüthigen er sehnlichst verlangte. Er winkte daher
Germain mit einem triumphirenden Blicke herbei, so daß
Mozart, wenn er in den Saal wollte, durch beide Livreen
durchmußte.

„Jetzt aufgepaßt und gefaßt!" — murmelte Krippner.
Aber in demselben Augenblicke verfinsterten sich seine Züge;
denn gerade trat Graf Cobenzl ein, und ging, als er
Mozart erblickte, mit solcher Herzlichkeit auf diesen zu,
ihm die Hand wie einem Freunde reichend und schüttelnd, daß
es dem Herrn Leib=Kammerdiener bald heiß bald kalt vor
Aerger und Verlegenheit über den Rücken lief. Aber seine
freche Seele erholte sich bald von diesem Schrecken; und
mußte die Demüthigung für Mozart nicht doppelt sein,

wenn er gerade Angesichts des Grafen an der Thüre ab- und einem Lakaien zugewiesen wurde?

Jetzt nahten sich beide. Wie vertraut der Unverschämte mit dem Grafen sprach! .... jetzt hatten sie die Thüre erreicht, ... Mozart verbeugte sich leicht, dem hohen Staatsmanne den Vortritt gebend, da trat Krippner vor:

„Monsieur Mozart verzeihen!" — sagte er boshaft lächelnd und geflissentlich laut, damit es der Graf höre — „den Musikern hat Germain ihren Platz anzuweisen!"

Aber Mozart frug nach des Leib-Kammerdieners Worten nicht. Das Haupt stolz erhoben, schleuderte er ihm einen Blick tiefster Verachtung zu, und indem er mit vornehmem Lächeln sagte: „Um in einen Salon zu treten, bedarf ein Mozart keines Ceremonienmeisters in Livrée!" durchschritt er leicht und stolz die Thüre des Saales und ging gerade auf den Fürsten Galitzin zu, der ihn mit der größten Freundlichkeit empfing. Und hier, zwischen Fürst Galitzin und Graf Cobenzl stehend, verharrte Mozart im unbefangensten Gespräche, bis das Concert begann.

Der Fürstbischof biß sich vor Wuth auf die Zähne; — Krippner und Germain waren wie versteinert; — Ceccarelli, Brunetti und die übrigen Musiker sahen verwirrt, starr und entsetzt aus ihrer Orchesterecke auf den kühnen Verbrecher!*)

Aber diese Verwegenheit hatte nun auch in der That

---

*) Historisch.

den Zorn des Erzbischofs im höchsten Grade erregt; so daß
es sich dieser vorgeworfen hätte, wenn er Mozart im
Mindesten etwas von der Buße nachgelassen haben würde,
die er ihm von diesem Augenblicke an zugeschworen. Der
Adel bat ihn: Mozart zu gestatten ein Concert zu geben:
er schlug es ab. Man ersuchte ihn um die Erlaubniß:
Mozart wenigstens in dem Concerte mitwirken zu lassen,
das demnächst zum Nutzen der Wittwen der Wiener Mu=
siker stattfinden sollte: er schlug es ab, obgleich dies nichts
anderes hieß, als den Pfennig der Wittwe angreifen.
Aber dies alles war noch nicht genug, der fromme Mann
wollte auch noch persönlich seine Rache an dem Verwegenen
nehmen. Kaum waren beide daher aus der Galitzin'schen
Abendunterhaltung nach Hause zurückgekehrt, als der Erz=
bischof Mozart zu rufen befahl.

Krippner's und Germain's Gesichter strahlten vor
Entzücken; aber in den Zügen Mozart's lag auch etwas,
das — wenn auch nicht wie Entzücken — doch wie ein
fester, kühner Entschluß aussah.

Als Mozart eintrat, saß der Fürst in einem kostbaren
Sessel seines Schlafgemaches. Sein Gesicht glühte vor
Zorn und kaum hatte jener die Thüre hinter sich zugemacht,
als außen der Herr Leib=Kammerdiener und Germain
ihre Ohren an die Thüre legten und innen das Unwetter
losbrach.

„Welche Unverschämtheit hat er sich heute erlaubt!" —
rief der Fürst mit funkelnden Augen. — „Kennt er meine
Befehle nicht, sich bei jedem derartigen Concerte, wo

es auch sei, bei Krippner zu melden und von Germain
auf seinen Platz weisen zu lassen?"

„Man hat mir davon gesagt," — entgegnete Mozart
ruhig — „aber Hochfürstliche Gnaden erlauben, daß ich
an der Wahrheit eines solchen Befehles zweifelte."

„Warum?"

„Weil er Ew. Gnaden unwürdig und für die Künstler
Ihrer Capelle entehrend wäre."

„Was?!" — rief hier der Fürst — „geht er in seiner
Frechheit soweit, Uns tadeln zu wollen? Wir wissen, was
Unserer Hochfürstlichen Würde geziemt, und brauchen Uns
das nicht von einem lüderlichen Musikanten sagen zu lassen.
Kerle seines Gleichen gehören nicht in die Gesellschaft
des Adels."

Mozart's Augen flammten: — „Vor allen Dingen" —
sagte er fest und entschieden — „muß ich Hochfürstliche
Gnaden ersuchen, in anderer Weise mit mir zu sprechen.
Ich habe vor Oesterreichs Kaiser und Kaiserin, vor seiner
Heiligkeit dem Papste, vor den Königen und Königinnen
von Frankreich und England und zahllosen Fürsten gestan=
den und erfreute mich stets einer achtungsvollen Aufnahme
und Behandlung; und wenn ich auch im Dienste Ew.
Hochfürstlichen Gnaden bin, so kann ich dies doch auch hier
verlangen; denn ich erfreue mich eines ehrenhaften Namens
und leiste bei Gott hundertmal mehr, als der Gehalt, den
ich empfange, vergüten kann."

„Hei!" — rief der Fürstbischof vor Zorn lachend —
„soll ich ihn vielleicht mit Gold einfassen?"

„Nein, aber mit dem Anstande behandeln," — sagte Mozart — „wie es ein Künstler verdient."

„Künstler? Ein Geiger ist er!"

„Ich bin der Componist des Idomeneo!"

„Was, Componist; ich zahle ihn und dafür ist er mein Knecht."

„Nie!" — rief Mozart empört — „und damit Sie sehen, daß ich es nicht bin, erkläre ich hiermit, daß ich nicht mehr an der Bediententafel und in dem Bedienten= zimmer speise. Achten Sie in dem Menschen, den Men= schen und den Künstler!"

„Ich achte ihn als einen Buben, als einen Schurken, als einen lüderlichen Kerl!" — *) rief hier, sich ganz und gar vergessend, der Fürstbischof, indem er aufsprang und die geballte Faust nach Mozart reckte.

Aber jetzt war des jungen Künstlers Geduld erschöpft. Blaß wie der Tod, aber mit Augen, die Blitze eines edlen Zornes sprühten, hoch aufgerichtet, so daß die kleine Gestalt wie durch eine geheimnißvolle Macht zu imponirender Größe wuchs, rief er ernst und fest:

„Es ist genug, Herr Fürstbischof! Mit Verachtung werfe ich meine Bestallung zu den Füßen eines Man= nes, der jeder besseren Regung fremd ist, jedes Verdienst in den Staub tritt und wie ein Tyrann über seine Unter= gebenen herrschen will. So wahr Gott lebt, ich hätte es längst gethan, wenn mich nicht heilige Pflichten zurückge=

*) Oulibischeff I. S. 172. Nissen: S. 445.

halten. Aber es gibt Gränzen, wo jede Aufopferung aufhören muß. Meine Ehre verlangt, daß ich diese unwürdigen
Fesseln zerreiße. Noch diese Nacht verlasse ich Ihr Haus!"

Das hatte nun freilich der Fürstbischof von diesem
kleinen, ihm aber sehr nützlichen Musiker nicht erwartet.
Auch imponirte dem rohen Menschen die Sprache und das
Auftreten Mozarts. Der Jämmerlichkeit im Fürsten-
mantel stand ein Mann — im edelsten Sinne des Wortes —
entgegen: groß, fest, gewaltig, auch im bürgerlichen Rocke.
Aber zeigen durfte der Fürstbischof diesen Eindruck so wenig,
als daß ihn die Kündigung überrasche. Er ließ sich daher
wieder in seinen Sessel gleiten und sagte im Tone der Verachtung:

„Das thue er! . . . . Pack er sich hin, wo er will; Wir
sind froh ihn los zu sein!"

„So geht es Fürstbischöfliche Gnaden, wie mir!" —
antwortete Mozart. — „Aber ehe ich gehe, noch ein Wort."

„Es ist genug!" — rief der Fürst; Mozart aber
sagte mit einem so gebietenden Tone: — „Nein! Sie
müssen mich noch hören!" — daß der Fürst, wie von
einer unsichtbaren Gewalt bezwungen, schwieg.

Da war es aber mit einemmale, als ob sich Mozarts
Gestalt verkläre. Wie Nathan, der Prophet, vor David,
so stand er vor dem Erzbischof, und wie jenem floß der
Rede Strom in feurigen Worten von seinen Lippen.

„Ein Wort noch, ehe wir scheiden!" — sagte er. —
„Ew. Hochfürstlichen Gnaden sollen wenigstens noch von
mir hören, daß unter dem bürgerlichen Rocke auch Herzen

schlagen, deren höchster Schatz die Ehre ist! — Der Werth
des Mannes liegt nicht darin, was er nach seiner
äußeren Stellung scheint, sondern darin, was er
ist! Denn was einer für sich selbst ist, was ihn in alle
Lebensverhältnisse, selbst in die Dürftigkeit, begleitet und
was Keiner ihm geben oder nehmen kann, ist offenbar für
ihn wesentlicher, als Alles, was er nach Außen hin besitzt,
oder was er in den Augen Anderer sein mag. Ein Mensch,
der eine Welt in sich trägt, ist unter allen Umständen
groß; in wessen Herz und Kopf aber eine Oede ist, der
bleibt ein Nichts und wenn er einen Purpur trägt. Und
auch wirklich reich und glücklich ist nur der, der seinen
Reichthum und sein Glück in sich schließt. Denn was
Reichthum und Macht über die Befriedigung der wirklichen
und natürlichen Bedürfnisse hinaus leisten können, ist von
geringem Einfluß auf unser wahres Glück, das nur im
Schaffen und Aufbauen einer schönen inneren
Welt, in dem Bewußtsein beruht: Großes, Edles Erhabe-
nes geschaffen zu haben! Erst im Mißgeschick, wo Jeder
auf sich selbst angewiesen ist, da zeigt es sich, was er an
sich selber hat! Da seufzt der Tropf im Purpur unter
der unabwälzbaren Last seiner armseligen Individualität;
während der Hochbegabte die finsterste Lage, die trau-
rigste, ödeste Umgebung durch seines Geistes,
seines Genius Gaben zu einem Paradiese macht.
Darum auch wird die Aussicht auf Aemter, Gold, Gunst
und Beifall der Welt den edlen Menschen nie verleiten,
sich selber aufzugeben. Zu seinem Selbst aber gehört vor

allen Dingen seine Ehre. Und wenn Sie, Herr Fürstbischof
die Achseln mitleidig zucken, wenn von bürgerlicher Ehre die
Rede ist, so will ich Ihnen, der diese Ehre nicht kennt,
sagen, was Ehre überhaupt ist: Sie steckt nicht im Titel,
nicht im Wappen, nicht im Rang, nicht in dem Reichthum
und der Macht.... die wahre Ehre ist das äußere
Gewissen, und das Gewissen ist die innere Ehre
Wo aber kein Gewissen ist, da ist auch freilich keine Ehre.
Dem Rechtlichen aber geht die Ehre über das Leben!....
Das ist es, was ich sagen wollte!" — rief Mozart —
„und nun leben Sie wohl!"

Und er schritt wie ein König aus dem Gemach, seine
Hochfürstliche Gnaden zähneknirschend, die lauschenden
Sklavenseelen starr und verwirrt zurücklassend. Die Sklaven=
ketten waren gebrochen und noch vor Mitternacht hatte
Mozart das Palais des Fürstbischof von Salzburg
verlassen.

Wiener Leben.

Ein so reiches und heiteres Leben wie Wien, bietet wohl keine andere deutsche Stadt!

Schon mit dem grauenden Morgen beginnt die rührigste Thätigkeit. — Oben in den Dachkammern oder unten in den Erdgeschossen öffnen sich einzelne Fensterladen und lassen ungekämmte Köpfe und Köpfchen, oft mit noch recht schläfrigen Augen sehen. Aber den einzelnen Fenstern folgen bald mehrere; auch die Thüren der Häuser fangen nun an, sich zu öffnen und Mägde und Hausknechte treten heraus, gähnend und dehnend und sich einander schläfrig begrüßend. Jetzt kommen auf ihren einspännigen Wägelchen oder auch mit Schiebkarren die Milchweiber an und stellen an den Straßenecken und in den Durchgängen ihre blank gescheuerten Kannen auf. Unter dem Besprechen des Wetters beginnt die erste industrielle Thätigkeit. Aber

siehe! mit jeder Viertelstunde wächst die Lebendigkeit und
das Geräusch; Mägde und Diener mit großen Körben
verstellen — Brod abgebend und empfangend — den Weg;
andere drängen sich nach den Schlächterbuden und Gemüse-
krämerinnen. Die Arbeiter aus den Vorstädten strömen
herein, das Gewühl beginnt: junge Kaufleute, ihr dunkles
Comptoir suchend, — Kinder, die nach der Schule gehen,
Mädchen, die sich von Handarbeiten nähren, — Gärtner,
die ihre Waare zu Markte bringen, schwere Frachtwagen
und leichte Carossen, Reisende und Spazierreiter, die ihren
Morgenritt machen,.... alles das läuft und drängt und
kreuzt sich in den Straßen; sind diese nun noch dazu eng
und haben sie eine starke Passage, finden sich noch überdies
Holzhauer ein, die ihre Werkstätte vor den Häusern, oft
mitten in der Gasse, aufschlagen, so braucht es oft viertel-
ja halbe Stunden, bis der gordische Knoten sich entwickelt,
und wen sein Mißgeschick um diese Zeit auf einem eiligen
Geschäftsgange in ein solches Labyrinth führt, der ist genöthigt zu drängen und zu drücken, zu schieben und zu
stoßen, zu springen und zu klettern, um sich nur daraus zu
befreien und fortzukommen. Die Seilerstadt, der Hof, der
hohe Markt, der Haarmarkt, der Lichtesteg und die Rothen-
thurmstraße sind die Orte, wo sich um diese Zeit das be-
wegteste Leben entfaltet.

So dauert es fort bis Mittags; jetzt aber ändert sich
plötzlich die Scene; andere Schauspieler treten auf den
Platz, und ein glänzender Anblick bietet sich den Augen des
Beobachters dar.

Jetzt schlägt nämlich die Stunde, in welcher die elegante
Welt mit ihrer Morgentoilette fertig geworden, wo die
Damen auf den Straßen erscheinen und der junge Stutzer
sein Frühstück zu Hause oder in einem der renommirtesten
Caffé vollendet hat. Ein Theil der Beamten ist nun von
seinen Arbeiten, die Schauspieler, Musiker und Sänger
sind von ihren Proben frei; die Dichter rasten in ihrem
Streben nach Unsterblichkeit, und Alles strömt nun durch
die Kärntnerstraße, über den Graben, Kohlmarkt und
Stephansplatz, um zu sehen und gesehen zu werden, zu
hören und gehört zu werden, zu glänzen und all' den Glanz
zu schauen!

Damen in allen Altern spazieren in reizenden Morgen-
anzügen an den prächtigen Gewölben vorüber, beschauen die
neuen Stoffe und Arbeiten, die in den großen glänzenden
Glasschränken, auf das Zierlichste und Sinnreichste geordnet, zum Kaufe anlocken. Sie treten hier und dort ein,
der nachfolgende Diener keucht schon unter seiner Last, die
ihm doch der heimlich-folgende Anbeter so gerne abnehmen
würde, um einen dankbaren Blick für diese aufopfernde
Liebe von seiner Schönen zu erhalten. Mitunter huscht
auch wohl leichtere Waare mit durch, die man sogleich an
dem überladenen Putz und an dem beständigen Drehen
und Wenden des unruhigen, oft allerliebsten Köpfchens
erkennt. Auch sie finden ihre Anbeter,.... und alles, alles
das lächelt, und schimmert und glänzt und rauscht vorüber
wie die leicht dahin tanzenden Wellen eines silberschäumen-
den Baches, die von Schmetterlingen und Wasserjungfern

umgaukelt, die blumigen Ufer küssen!... Scheint nicht das
Leben hier nur über Paradiesesauen zu führen? O diese
Sphynx, wie kann sie so hold, so trügerisch liebäugeln!

Vor den ersten Kaffeehäusern und vor einigen besuch-
ten Gewürzläden, in welchen — wie jetzt bei den Italienern
— feinere Weine getrunken werden, stehen unterdessen
Schaaren von Männern, welche die Vorübergehenden
mustern und dabei gleich ihre Lebensbeschreibung nebst ge-
hörigen Ausschmückungen mittheilen; die wichtigsten Tages-
neuigkeiten, die sich meist um die Heiserkeit einer Sängerin,
um ein gestürztes Pferd, eine scandaleuse Geschichte oder
ähnliche Dinge drehen, werden hier verhandelt; man kri-
tisirt über Musik, Kunst und Literatur, erzählt Anekdoten
und bringt die neuesten bon mots zu Markte, denn der
Wiener hat fast für jeden Tag im Jahre ein solches, das
gleich von Munde zu Munde geht. Man verabredet Par-
tien für den Abend, und schließt auch wohl dazwischen mit
der gleichen Leichtigkeit ein Geschäft für das ganze Leben
ab. Andere haben sich in den Läden der Pastetenbäcker versammelt, wo bei Kuchen, Pastetchen und einem Gläschen
Liqueur das würdige Thema über diese oder jene Grisette
verhandelt wird. Auch die schönen Beterinnen läßt der
Wiener nicht unbewundert aus der Kirche gehen, in und
vor der gar manches zarte Rendezvous stattfindet; dann
noch ein Stündchen bis zur Tafelzeit über den Graben und
Kohlmarkt, oder über den Theil der Bastei vom Burgthore
bis zum Carolinenthore, oder über das Glacis!

So sieht Wien täglich seinen Morgen! Aber mit der

Tafelzeit verschwindet, wie mit einem Zauberschlage, diese Herrlichkeit!

Die Scene des alltäglichen Lebens erneuern sich, zwar weniger geräuschvoll und bewegt, da die Menschen jetzt mit vollem Magen agiren, aber noch immer in der Art, daß ihre rasche Thätigkeit und Rührigkeit den Beschauer genug beschäftigt. Jetzt kehren die Schuhmacherlehrjungen, deren spaßhafte Eigenthümlichkeit sie schon lange auf die lokalen Wiener Theater gebracht hat, pfeifend und singend mit den leeren Schüsseln nach den Haushaltungen ihrer Meister, meistens in entfernte Vorstädte, zurück; die Fiacre nehmen ihren schmalen Rößlein die kleinen Säckchen mit der kargen Fourage ab, die sie ihnen regelmäßig um die Mittags= stunde umbinden, und begrüßen wieder die Vorübergehen= den mit dem eintönigen: „Fahren wir, Ew. Gnaden?" — Auch die Fratschler (Höker)=Weiber stellen ihre mächtigen Töpfe bei Seite, rücken die spitzen Strohhüte zurecht, und schreien mit neuer Kraft: „Brennheiße Kesten!" (Kastanien). Aber vier, fünf Uhr führen den Glanz zurück; die feine Welt muß jetzt, der Verdauung wegen, die Straßen durch= streifen. Ueberall zeigt sich der Ausdruck der Behaglich= keit, der Zufriedenheit, des Frohsinns, der Lebenslust, die dem Wiener alle so eigen sind, er mag sich nun in seinem Sperl, oder in seinem Prater an dem frischen Duft eines heiteren Abends erquicken, oder in der frühen Dämmerung durch die Straßen seiner geliebten Kaiserstadt schlendern, um sich an ihren Schönheiten satt zu sehen, deren er doch nie satt werden kann.

Da wird es Abend! Schon flimmert hier und dort in
den dunkleren Gassen ein Licht auf; sie mehren sich, wie
die Sterne bei einbrechender Nacht, und bald ist Alles
erleuchtet.   Aber je näher die Theaterzeit kommt, desto
mehr geräth die bunte Welt in Bewegung. Die Beamten
kommen wieder aus ihren Aemtern, die Militairs suchen
Zerstreuung für die sie plagende Langeweile, auch die Nicht-
beamten und Civilisten eilen ihren Unterhaltungen und
Cirkeln zu. Die Equipagen des Hofes, des Adels und der
Haute finance rollen und fliegen durch die Straßen; —
nach allen Thoren eilen und drängen die Leute, die in den
Vorstädten wohnen. Die Arbeiter, des Feierabends froh,
— die heimkehrenden Schiebkärcher, jetzt den leeren Karren
mit mechanischem Phlegma vorwärts stoßend, — die zahllosen Nichtsthuer, auf Abenteuer lauschend, — die ver-
hüllten und unverhüllten Schönheiten, Abenteuer suchend,
— die gemüthlichen Bürger nach Pfeife und Labetrunk
schmachtend,.... das alles wogt und rennt und treibt wieder durcheinander wilder, lauter, lustiger, ärger als am
Tage! — Aber auch das Gewoge dieses Menschenmeeres
ebbt nach und nach: die Last des Tages ist getragen und
die Lust des Abends bald durchkostet, der solide Mann sucht
seinen heimischen Heerd, die Theater ergießen zum letzten-
male lebendige Ströme durch alle Adern der großen Stadt,
die Gewölbe schließen sich, auch die Thüren der Häuser....
die Fenster.... und das hunderttausendaugige Wien sinkt
dem Schlafe in die Arme. Nur in den lichtfunkelnden
Sälen der Großen, den glänzenden Gemächern der reichen

Schwelger, den Tempeln der Lust und der Freude und den
Höhlen des Lasters hat der Schlaf noch keinen Eintritt....
erst wenn der Hahn schreit, versinkt auch hier — oft unter
Seufzern, Gähnen und Thränen — das Leben! — —

„Also!" — rief in diesem Augenblicke, — es war eine
halbe Stunde nach dem Schlusse des Theaters, — ein feiner, jovial aussehender, gentiler Mann, sein volles Champagnerglas erhebend, und freudestrahlenden Auges auf die
stattliche Gesellschaft blickend, die ihn umgab. — „Also!
dieses Glas der Freiheit unseres Mozart's, der seine Ketten so wacker gebrochen, und nun — ein neuer, freier Mann,
ein neugebackener Wiener, — unter uns weilt!"

Und die Gläser klangen und ein dreimaliges „Hoch!"
erfüllte den weiten Raum.

Der Mann aber, der dieses „Hoch!" ausgebracht, war
Niemand anders, als der Director des Leopoldstädter
Theaters, der berühmte, heitere, allgemein beliebte Schi-
kaneder.

Schikaneder war eine merkwürdige Persönlichkeit.
In seiner Jugend hatte er ohne alle wissenschaftliche Vor-
bildung, rein der Kraft seines Geistes vertrauend, die
Bühne betreten und sich in tragischen und Heldenrollen
versucht. Erst später in Wien wurde ihm sein Beruf als
Komiker klar, und Schikaneder ward bald der Liebling
des Publikums. Wahrhaft groß erschien er hier in der
Darstellung grotesker Charaktere aus dem niederen Volks-
leben und seine Leistungen gewannen in der Folge immer
mehr, als er sich auch als Schauspieldichter versuchte. Aber

Schikaneder — der dabei ein schöner stattlicher, viel verstellender Mann war — besaß daneben noch eine andere, für ihn sehr wichtige Gabe: er war ein äußerst speculativer Kopf! Als Director des Theaters zu Prag, und jetzt in der gleichen Eigenschaft am Leopoldstädter Theater in Wien, hatte er sich ein ungeheures Vermögen erworben; wenigstens behauptete dies alle Welt, und es mußte wohl auch so sein, denn Schikaneder lebte wie ein Fürst.

Sein Haus wetteiferte, was den Glanz der innern Einrichtung betraf, mit jedem hocharistokratischen Palais Wien's; mit dem einzigen Unterschiede, daß in jenen aristokratischen Palästen die Gediegenheit oft den Geschmack, bei dem Director des Leopoldstädter Theaters aber der Geschmack die Gediegenheit überwog. Schikaneder war dabei der jovialste und lebenslustigste Mensch, den man sehen konnte und ein Feinschmecker, wie ihn die Welt kaum in den höchsten Sphären der Gesellschaft noch einmal aufzuweisen haben wird. Alle fünf Erdtheile waren für ihn eigentlich nur ebensoviel Speisekammern und Kellerabtheilungen, deren auserlesene Leckerbissen und feine Getränke er bis in's kleinste Detail kannte. Als eine schöne Seite seines Charakters erschien aber dabei, daß er die Freuden der Tafel nicht nur für sich liebte, sondern auch Anderen gönnte, und somit — da die uneigennützigste Freigebigkeit sein Stolz war — eine wahrhaft fürstlich ausgestattete Tafel, der es nie an zahlreichen Gästen fehlte, den Glanzpunkt seines Hauses machte. Jede Einseitigkeit des Charakters vermeidend, suchte indessen Schikaneder dabei dem Herzen

ebensoviel Gerechtigkeit wiederfahren zu lassen, als dem
Magen, und so waren es denn ganz enorme Summen, die
ihm seine Herzensangelegenheiten kosteten. Eine Freundin
mußte er wenigstens immer haben, und diese eine Freun=
din war jetzt die reizende Sängerin Cavaglieri, ein
schwarzaugiges, schwarzhaariges, brünettes, feuriges Kind
Italiens, deren gränzenloser Luxus ebensoviel Aufsehen in
der Kaiserstadt machte, als ihre wahrhaft bezaubernde
Schönheit.

Die Cavaglieri saß denn auch heute Abend wieder
neben ihrem Freunde, der — Mozart zu Ehren — in
seinem Hause eine kleine aber sehr gewählte Gesellschaft zu
einem feinen Soupé versammelt hatte.

Wir sagen eine gewählte Gesellschaft, denn außer
Mozart, dem Hausherrn, der Signora und den Dichtern
Bretzner und Stephani befanden sich auch noch die=
jenigen drei Männer hier, die damals unstreitig in musi=
kalischer Beziehung die ersten Größen Wiens — ja der
Welt — waren: Ritter von Gluck, Joseph Haydn
und der kaiserliche Hof=Capellmeister Salieri.

Welche Capacitäten! welche Größen! welch' interessante
Persönlichkeiten!

Gluck, der große Componist des „Artaxerxes,"
der „Cadute de Giganti," des „Orpheus," der
„Alceste," der „Iphigenia" und so vieler anderer
Opern, war damals schon siebenundsechszig Jahre alt; aber
er hatte sich frisch und kräftig erhalten und schaute noch
immer froh und heiter in das Leben. Nicht schön, aber

bedeutsam von Angesicht, charakterisirte seine Erscheinung etwas Imponirendes. Die großen blauen Augen, die vollen Lippen, die hohe gedankenvolle Stirne, das — troß der Jahre — noch dunkle und dichte Haar, die breite, kräftige Gestalt und das Selbstbewußte, das in seinem ganzen Wesen lag, hatten etwas magisch Anziehendes, aber auch Ehrfurchtgebietendes. Aber wie wohlthätig wußte Gluck diesen Eindruck wieder durch sein feines, freundliches Benehmen zu mildern; — wie brachte er Mozart eine so offene und warme Verehrung entgegen. Aber hatten denn auch Gluck und Haydn einen glühenderen Verehrer als wiederum Mozart?

In der äußeren Erscheinung war der neunundvierzigjährige fürstlich esterhazysche Capellmeister Joseph Haydn freilich von Gluck sehr verschieden. Nicht nur, daß eine unter den bittersten Sorgen der Armuth verlebte Jugend ihm die Haare schon gebleicht, der frühere Druck des Lebens hatte ihn auch still in sich gekehrt, fast ängstlich gemacht. Das sybaritische Leben eines Schikaneder's widersprach seinen streng moralischen Grundsätzen ganz, und nur die Liebe und Verehrung für den so glänzend am musikalischen Himmel aufgehenden Stern, Mozart, hatte ihn bewegen können, heute einmal an einer Gesellschaft im Hause des Directors Theil zu nehmen. Aber troß aller Verehrung für Mozart hatte er diese That heute Abend schon mehr als hundertmal bereut. War denn ein solcher Aufwand nicht wahrhaft sündlich? mußte er nicht früher oder später zum Verderben führen?

Schon der Salon in dem man speiste war prächtig.
Einfach zwar, wie dies ein Speisezimmer immer verlangt,
aber doch ganz von dem schönen gelblichen Marmor, den
die Wiener so sehr lieben, weil der große Marmorsaal der
Burg aus ihm hergerichtet ist. Wie schön ließ er aber auch
die weißen Alabasterstatuen hervortreten; wie warfen die
Wände die Tausende von Lichtstrahlen zurück, die von dem
Kronleuchter ausgingen, und sich dann in dem silbernen
und krystallenen Gefäßen und Geschirren der Tafel so
prachtvoll wiederspiegelten.

Der kostbare und dicke Fußteppich verhütete dabei das
geringste Geräusch bei dem Auftreten der dienstbaren Gei=
ster, die sich in der That wie Schatten hinter den Stühlen
der Gäste bewegten und ihr materielles Dasein eigentlich
nur durch die Materiellität der kostbaren Dinge bewiesen,
die sie auf silbernen Schüsseln herumreichten oder aus
Flaschen eingossen.

Mozart wurde bei diesen: „Potage aux quenelles,"
— „Anguille, sauce Tartare," — „Ris de veau, sauce
tomates," — „Filets de mouton à la jardinière," —
„Dindes rôties au cresson," — „Beignets soufflés," —
„Crême renversée" — unwillkürlich an Baron von
Holbach's Koch und Küche erinnert, die beide schon in
seiner frühesten Kindheit einen ebenso angenehmen als
dauernden Eindruck auf ihn gemacht. Er aber fand sich
hier unnennbar glücklich und behaglich, und sagte sich im
Stillen mehr als einmal: dies heißt Leben, so möch=
test Du's auch haben!

Ach! die Sache war ja so natürlich! Einmal hatte schon die Natur selbst Mozart unendlich leicht entzündbare Sinne und einen nicht zu verkennenden Hang zu sinnlichen Vergnügungen mitgegeben, den eine glühende Phantasie nicht wenig unterstützte; — dann war er ja jetzt auch, nach einem wahren Sclavenleben im Dienste des Fürstbischofs, frei! — frei, wie der Vogel in der Luft! — Ja! jetzt erst konnte sich seine Natur, zum erstenmale in seinem Leben, wahrhaft frei entfalten und das that sie auch, in dem schönen, lustigen, gemüthlichen Wiener Leben!

Und dann! sollte er sich hier in Wien nicht wirklich unendlich behaglich fühlen? War damals nicht Wien der Sammelplatz aller Virtuosen Europa's, sowohl wegen der gastfreien Aufnahme, die es ihnen angedeihen ließ, als wegen der wohlwollenden Würdigung ihrer Leistungen und der zahlreichen Genüsse, die sie dort trafen? Hier war der gewöhnliche Aufenthaltsort Haydn's und Gluck's, zweier Meister, welche Mozart sich zu Vorbildern und Freunden zu machen passender fand, als Nebenbuhler in ihnen zu erwecken. Und weiter: das herrliche Klima, die köstliche, für einen Musiker besonders günstige Lage der Stadt; Umgebungen, welche die Natur selbst zu einer ausgedehnten und herrlichen Promenade geschaffen zu haben schien; auf einer Seite Italien, auf der anderen Böhmen, das Land der Musik, wenn es eines auf der Erde giebt! — Ferner: besaß Wien nicht ein italienisches Theater, für welches die berühmtesten Componisten der Zeit schrieben und dessen Poet, Metastasio, der König der Libretto-

macher war? Ja! was für Mozart — der ja längst den
Gedanken gefaßt hatte, der deutschen Musik Bahn zu
brechen — als eine der Hauptsachen erscheinen mußte:
bildete sich nicht eben jetzt unter Schikaneder eine
„deutsche Gesellschaft" heraus, der es nur an Gelegenheit, das heißt an einem tüchtigen Componisten fehlte,
sich geltend zu machen und die ersten Gesänge der nationalen Musen an den Ufern der Donau ertönen zu lassen?*)

Und dann noch ein letzter Punkt: hatte nicht das Schick-
sal auf die wunderbarste Weise es gefügt, daß seine geliebte
Constanze mit ihrer Mutter seit zwei Wochen auch nach
Wien gezogen war?

Und da hätte es Mozart, dem Künstler, nicht in Wien,
und Mozart, dem jetzt erst angehenden Lebemenschen,
nicht in solch' trefflicher Gesellschaft gefallen sollen?

O! es war ihm nie wohler als jetzt gewesen, und er
fühlte so recht innerlich das Bedürfniß, diese Behaglichkeit
sich zu erhalten. Nur eines fehlte ihm noch, Geld! hatte
er dies — Ruhm und Ehre mußten ja ohnedem kommen
— so konnte er seine liebe Constanze heimführen und
leben,.... leben...... leben! — wie ein Gott!

Und doch! wer enthüllt die Räthsel des menschlichen
Herzens? Ueber diesen freien offenen Charakter, über diese
heitere, der sinnlichen Lust sich so freudig öffnende Seele....
fielen nicht manchmal auch über sie die Schlagschatten einer
dunkelen Welt?! Derselbe Mozart, der jetzt mit den ge-

---

*) Oulibicheff I. S. 174.

müthlichen, lebenslustigen Wienern ein vollkommen eben
so lustiger Wiener sein konnte, war er nicht in manchen
Stunden ein im höchsten Grade schwermüthiger Mensch,
der an den Tod dachte, der ganze Nächte an seinem Clavier
zubrachte und sich auf den Schwingen der Phantasie zu
unbekannten Regionen aufschwang, deren Geheimnisse nur
der Tod löst?*)

Diese scheinbar doppelte Natur, allen großen und
genialen Menschen eigen, verstehen die gewöhnlichen Seelen
freilich nicht. Aber wer sie in sich trägt, weiß, daß es eben
keine doppelte Natur ist, sondern sein einziges, einiges, inneres
Wesen, — der Flügelschlag des göttlichen Seins in ihm,
und daß nur die Spitzen dieser Fittige in ihrem seligen
Fluge — in ihrer Titanenkraft bald den Staub, bald die
Wolken berühren!

Aber jetzt, in der heiteren, von allen Genüssen des
Lebens gewürzten Gesellschaft, in der sich Mozart eben
befand, war ja auch nur von den heitersten Seiten des
Lebens die Rede. Schikaneder funkelte und sprudelte
von Witz und Laune und war — ohne sich etwas zu ver=
geben — von einer so göttlichen Komik, daß die Lachmus=
keln Aller, selbst die des pedantischen Haydn, kaum für
Augenblicke in Ruhe geriethen. Salieri, der Hof=Capell=
meister, ein Schüler Gluck's, die beiden Dichter Bretzner
und Stephani und die reizende Cavaglieri unterstützten
ihn treulich, und Maestro Mozart blieb wahrlich nicht zurück.

---

*) Oulibicheff I. S. 173.

Alle waren glücklich dies vielversprechende Talent aus den Händen des allgemein verhaßten Fürstbischofs von Salzburg gerettet zu sehen, der es zu unterdrücken augenscheinlich bemüht gewesen war.

Schikaneder und Bretzner wußten dabei eine Masse von lustigen Anekdoten aus dem Leben dieses Mannes zu erzählen und Mozart ergänzte, was diese nicht wußten. Von dem Fürstbischof kam man auf andere Persönlichkeiten der Wiener Aristokratie, des Theaters und der Stadt und so reihte sich, unter reichlichem Genusse des Champagners, eine heitere Geschichte an die andere.

Es ging bereits auf Mitternacht, die Cavaglieri war ausgelassen und lustig zum Entzücken, — Haydn hatte sich längst heimlich davon geschlichen und Mozart rieb sich vor Vergnügen die Hände.

Schikaneder freute sich aufrichtig darüber, und hinter den Sessel des jungen Maestro tretend und diesem die Hände vertraulich auf die Achseln legend, frug er treuherzig:

„Sie fühlen sich also behaglich bei uns?"

„O, mein Bester!" — rief Mozart freudestrahlend — „was sagen Sie behaglich?.... glücklich, wahrhaft glücklich fühle ich mich unter so lieben Freunden, im schönen Wien und im Genusse der Freiheit."

„Nun fehlt nur noch Eines," — meinte Gluck — Mozart freundlich zulächelnd — „zu den Freunden muß noch eine Freundin kommen."

„Die wird nicht lange auf sich warten lassen!" — rief

Salieri mit einem Lachen, das nicht ganz frei von leisem Spott war — „man sagt, die Liebe habe dem jungen Maestro schon bei der Composition des Idomeneo diverse Arien dictirt."

„Warum sollte ich dies läugnen?" — versetzte Mozart heiter — „es sind die besten Stücke der Oper geworden, weil ihr Charakter Wahrheit war. Wer weiß, ob Amor bei meiner nächsten Oper nicht noch mehr zu thun bekommt!"

„So haben Sie eine neue Oper in der Arbeit!" — frug Salieri rasch und fast wie unangenehm berührt.

„Nein!" — entgegnete Mozart — „ich wußte noch nicht einmal einen Stoff dazu aufzutreiben, denn es soll eine deutsche Oper werden."

„Bravo!" — riefen Gluck, Schikaneder und die beiden Dichter, und ersterer fuhr fort:

„Nur immer zu auf der neu betretenen Bahn. Der deutschen Musik gehört die Zukunft."

Salieri zuckte verächtlich die Achseln, dann sagte er mit gezwungenem Lächeln: — „Nur nicht so zuversichtlich, meine Herren, es giebt nur „einen" Ritter von Gluck, und das Vaterland und der Lieblingsaufenthalt der edlen Musika ist und bleibt doch Italien."

„Ich bitte, nichts gegen die Verabredung!" — rief hier Signora Cavaglieri, mit ihrer hinreißenden Liebenswürdigkeit: — „Sie wissen, meine Herrn, daß Sie mir Ihr Wort gegeben, für diesen Abend alles, was Musik betrifft, ruhen zu lassen."

„Ja, ja!" — bestätigte Schikaneder, die Gläser
auf's neue füllend, denn die dienstbaren Geister waren
längst entlassen worden. — „Dieser Abend gehört lediglich
den Freuden der Tafel, Freund Bachus und den Göttern
des Witzes und der heiteren Laune. Nehmt ein Beispiel
an Maestro Mozart; — seht nur, wie er sich macht! Ist
er nicht jetzt schon ein eingefleischter Wiener? Lacht nicht
Gemüthlichkeit und Seligkeit aus seinen Blicken?"

„Warum soll er auch nicht selig sein?" — rief Bretzner lachend — „wohnt und logirt er doch selbst im
Himmel!"

„Wie so?" — frug Gluck.

„Nun" — fuhr Bretzner fort — „heißt Haus und
Straße wo Mozart wohnt nicht „Stoß im Himmel?"

„Allerdings!" — sagte Mozart — „und ich möchte
wohl wissen warum? Die Bezeichnung muß doch wohl auf
einer Sage beruhen, worauf auch die steinerne Tafel über
der Thüre hindeutet, auf welcher eine Frau dargestellt ist, die
sich in den Himmel erhebt, während der Teufel sie zurück-
halten will."

„Sonderbar!" — rief Schikaneder lachend und hob
sein Glas hoch nach dem Lüstre, die aufsteigenden Perlen
des Champagners wohlgefällig beobachtend. — „Zum
Teufel ist schon manche schöne Frau gegangen; aber daß
eine seinen Krallen entwischt, wenn er sie einmal gepackt,
das ist gewiß eine Seltenheit."

„Ei, mein Lieber!" — sagte Signora Cavaglieri
mit bezauberndem Lächeln — „das ist ein Beweis, daß wir

Frauen selbst dem Teufel die einmal versprochene Treue halten."

„Ja!" — rief Bretzner — „wenn man sie nicht brechen kann, wie in dieser Sage."

„Ihr kennt also die Sage?" — riefen Mehrere.

„Warum nicht?"

„Gut!" — fiel Schikaneder ein — „so habt Ihr euch selbst zum Erzählen derselben verurtheilt."

„Es mag sein!" — sagte Bretzner, nicht ohne einen Seitenblick auf die Signora, deren unerhörte Verschwendung in Putz und Kleidern Schikaneder fast zu Grunde richtete. — „Man kann aus Allem etwas lernen."

„Also!" — rief Mozart; der Wirth ließ einen neuen Pfropfen springen, schenkte die Gläser abermals voll des schäumenden Weines und Bretzner begann:

„In grauer Vorzeit lebte in Wien, in dem besprochenen Hause, das jetzt unser Freund Mozart bewohnt, ein reizendes Frauenbild. Sie war eine Juno an Gestalt und eine Venus an Anmuth; .... aber .... sie war dabei eitel und hochmüthig über die Maßen. Namentlich trieb sie einen ganz unerhörten Luxus in Kleidern und Stoffen. Den ganzen Tag über saß sie am Spiegel; versäumte die Geschäfte ihres Haushaltes und vor Allem das Kirchengehen und die heilige Messe."

„So meint er mich also doch nicht!" — rief hier, Bretzner unterbrechend, Signora Cavaglieri lachend und dem Erzähler mit dem Finger drohend — „denn wenn auch der Luxus in Kleidern auf mich zielen mag, so kann

mir doch Keiner nachsagen, daß ich die heilige Messe ver=
nachlässige. Aber weiter!"

„Ist auch von einer Begebenheit die Rede," — sagte
Bretzner mit komischem Ernste — „die sich vor vielen,
vielen Jahren zugetragen."

„Ich kenne Euch!" — rief die Dame; aber Schika=
neder hielt ihr den rosigen Mund zu und Bretzner
fuhr fort:

„Tag und Nacht sann also unsere Juno=Venus auf
nichts, als wie sie ihre Mitbürgerinnen an Putz übertreffen
möge. Ja ihr Hochmuth wuchs in dem Grade, daß ihre
Verschwendung bald den Säckel leerte. Aber sie ließ deß=
halb nicht nach. Als sie nun eines Tages an dem Bilde
der allerheiligsten Mutter Gottes vorüberging, erstieg ihr
sträflicher Leichtsinn eine solche Höhe, daß sie über das ein=
fache Gewand Maria's spottete und die Himmelskönigin
aufforderte, mit ihr in Kleiderpracht zu wetteifern."

„Dieser entsetzliche Hochmuth schrie zum Himmel, und
die heilige Jungfrau wendete auch wirklich ihr Antlitz von
der so tief gefallenen Tochter ab."

„Aber, aber!" — fuhr Bretzner fort und sein Blick
verirrte sich wieder nach der Seite der schönen Italienerin
hin — „die Strafe für die Gottlose blieb nicht aus! Als
die zwölfte Stunde schlug klopfte es an die Thüre des be=
wußten Hauses. Mochte nun die Schöne vielleicht den
Freund ihres Herzens erwarten oder plagte sie Neugierde —
eine Eigenschaft, die den Damen auch häufig eigen sein
soll — kurz, sie öffnete; erstaunte aber nicht wenig, als

eine alte Bettlerin vor ihr stand. Barsch fuhr sie dieselbe
an; aber die Alte war nicht zu entfernen; sie erhob sogar
ihren Krückenstock, und ihn wie einen Scepter handhabend,
sprach sie mit dem Stolz und der Würde einer Königin:
„Armselige! Was willst du gegen mich, — was wollen die
Lumpen sagen, die du zu tragen pflegst, gegen die Schätze,
die ich besitze!" — und mit diesen Worten nahm sie aus
dem Korbe, der an ihrem Arme hing, ein Gewand und
hielt es der Erstaunten hin."

„Das Gewand aber war vom herrlichsten Sammt,
bluthroth und flimmernd in goldenen Stickereien. Und dem
Kleide folgte ein Schleier, in dessen unendlich feines Ge=
webe die Sterne des Himmels selbst eingewebt zu sein
schienen, so funkelte der Glanz des prachtvollen Flors. Und
Gürtel und Haube und Schuhe entsprachen Gewand und
Schleier an Pracht und Kostbarkeit."

„Unsere Dame war außer sich. „„Gib mir den An=
zug!"" — rief sie jetzt mitgierigen Augen — „„und ich will
dir dafür zahlen, was du willst!""

„Die Alte richtete einen finsteren Blick auf die Flehende,
dann sagte sie dumpf: „Wenn du noch was hättest! Dein
Vermögen ist ja vergeudet?!"

„Das fuhr wie ein Blitz durch die Seele der Dame:
„„Es ist wahr!"" — entgegnete sie erbleichend — „„doch
will ich Alles, was ich noch besitze zu Gold machen, und es
dir geben. Dies Kleid aber muß ich haben.""

„So will ich dir einen Vorschlag machen!" — hub die
Alte an. — „Mir liegt nichts an deinem Golde, ich habe

7*

dessen genug. Ich will dir aber das Kleid auf drei Tage und drei Nächte borgen und du gibst mir als Lohn dafür das, was in der dritten Mitternacht von dem Anzuge bedeckt sein wird." Der Vorschlag war eigenthümlich; aber wer hat in leidenschaftlicher Erregung immer den kalten Verstand zur Hand? Die Dame durfte ja nur kurz vor der dritten Mitternachtstunde das Gewand mit einem anderen vertauschen, und die Alte war geprellt. Sie sagte also „„ja!"" und die Sache war abgemacht."

„Nun prunkte die Dame drei Tage und drei Nächte in diesem kostbaren Anzuge, um den sie Fürstinnen und große Damen beneideten. Niemand wußte, wo ein so herrlicher Stoff, ein so unvergleichliches Gewebe hergekommen. Man fand in keinem Kaufladen solchen Sammet, solchen Atlas, solche Stickerei."

„Aber.... alle Herrlichkeit vergeht auf dieser Welt! — wie der Wein in diesem Glase!" — fuhr Bretzner, seinen Champagner in einem Zuge schlürfend, fort. — „Auch die drei Tage und Nächte vergingen. Als nun aber die Mitternachtsstunde der dritten Nacht herankam, da fiel denn doch der eitlen Dame die sonderbare Verpflichtung wieder ein, die sie, der Alten gegenüber, übernommen. Unheimlich und unheimlicher wurde ihr zu Sinn. Finstere Besorgnisse, unheimliche Gebilde stiegen in ihr auf. Der Ursprung des Kleides wurde ihr klar; es war keine irdische Macht, die es gegeben! Jetzt faßte sie Entsetzen; rasch suchte sie das höllische Gewand zu lösen. Aber.... o Fluch der Hölle!.... dies war nicht möglich! Sie war allein und konnte das

Gewand, das wie angegessen an dem Leibe saß, nicht herunterbringen. Kalter Schweiß rann von ihrer Stirne, .. sie zog, ... sie zerrte ..... es saß wie Eisen, und .... der Zeiger ging auf Zwölf! Da stand mit einemmale ihr Leben vor ihrer Seele, ihre Thorheit, ihre Verschwendung, ihre Eitelkeit ..... sie bereute .... aber zu spät! Noch einmal raffte sie alle Kräfte zusammen; in Stücken wollte sie den unseligen Tand herabreißen. Unmöglich! der Stoff — in der Hölle geweben — spottete jeden Versuches ihn zu trennen. Wie sinnlos rannte nun die Verzweifelte in ihrem Zimmer auf und ab, wie eine Königin geputzt, aber jammernd wie eine Bettlerin. Da .... da schlug es zwölf Uhr! Die Thüre sprang auf und die Alte stand vor ihr. Aber wie rollten ihre feurigen Augen, und welch' satanisches Lächeln zuckte um ihren Mund, als sie hohnlachend rief: „Du hast mir zum Lohn versprochen, was um diese Stunde von meinem Anzuge bedeckt sein wird. Du bist es selbst, mein Kind, und somit bist du mein!"

„Da flammte es in schwefelgelbem Lichte durch das Zimmer, die Alte verwandelte sich in den Fürst der Hölle, der rothe Sammet aber und das Gold der prachtvollen Stickereien, die die Unglückliche trug, wurden zu Feuer, das mit gierigen Zungen an dem schönen Leibe der Verzweifelten hinauf leckte. Da schrie die Arme zu ihrer Heiligen auf in Reue und Zerknirschung! Und siehe, die Heilige hörte sie. Schon griff Satan nach seinem Opfer, als Sanct Barbara es durch einen Stoß rettete. Die Unglückliche ent-

ging den Klauen des Teufels . . . . der Hahn krähte . . . .
sie war gerettet."

„Und was sie versprochen, die Dame, das hielt sie auch.
Als einer büßenden Magdalena verschwand ihr der Rest
ihres Lebens. Aller Eitelkeit entfremdet, ward sie in Frie=
den und Freuden zu den Geretteten aufgenommen." Bretz=
ner hielt hier einen Moment inne, dann schloß er mit den
besonders betonten Worten: „Zum Andenken dieser Be=
gebenheit und zu Nutz und Frommen der eitlen Wiene=
rinnen, deren Anzahl, wie man behauptet, nicht ganz
klein sein soll, wurde dies Bild in Stein gehauen, und
Haus und Gasse „Stoß in den Himmel" — verkürzt:
„Stoß im Himmel" — genannt.*)"

„Und Bretzner erhält den Namen „der weise Sokra=
tes!" — rief laut lachend die Cavaglieri. — „Ich
glaube, bei Gott, er will mich zur büßenden Magdalena
machen."

„Ja!"—meinte Schikaneder sie zärtlich umfassend—
„wenn er mit dir, mein Engel, büßen dürfte. Aber ihm
zum Trotz sollst du morgen den herrlichen Stoff haben,
den du mir gestern angerühmt, und der der Fürstin Liech=
tenstein zu theuer war. Dein Freund wird dem stolzen
Adel Wiens beweisen, daß auch ein Jünger der Kunst
fürstlichen Geschmack und fürstliches Geld haben kann."

„Uebrigens hat mich die Erzählung interessirt!" —
sagte Mozart. — „Auch ist die Sage fast ein musikalischer

---

*) St. von Sternberg.

Stoff. Ich hörte schon die Posaunen der Hölle, als es zwölf Uhr schlug. Man muß sich das Ding für ein ander= mal merken."

„Sünder!" — rief hier die Cavaglieri — „Schon wieder von Musik?!"

„Um Vergebung!" — flehte Mozart mit komischer Reue und küßte der schönen Italienerin so feurig die Hand, daß selbst das Kind des Südens bis in sein Innerstes er= bebte. — „Ist nicht Ihre Stimme auch Musik?"

So ging es noch eine Weile fort, bis Mozart und den Anderen der Kopf allmählich zu brennen anfing. Gluck war am ruhigsten geblieben und mahnte jetzt zum Aufbruch.

Man schied, nur die Freundin blieb. Sie sah, ihr herr= liches Köpfchen ganz ungenirt auf die Achsel Schikaneders lehnend, von dem oberen Theile der Treppe aus den Gästen nach, in deren Herzen in der That jetzt nur ein Wunsch war.

Auf der Straße hielt Gluck's Wagen. Der ehrwür= dige Altmeister der Musik bot Mozart und Salieri Plätze in demselben an. Der Capellmeister nahm es an, aber der junge Mann dankte freundlich; er fühlte, daß sein schwindelndes Gehirn etwas der ruhigen Abkühlung be= dürfe. Endlich trennte sich Mozart auch von Bretzner und Stephani, die ihm noch von ferne: Glück im „Stoß im Himmel" zuriefen.

Der Ruf der Freunde verhallte in den Straßen....
Mozart war allein.

Es war eine wunderschöne Mondscheinnacht, die mild

und schweigend über der Erde lag. Die Läden in den
Straßen waren längst geschlossen, die Lichter in den Häusern schon vor Stunden erloschen; nur der Schlaf und
der Tod, und, an der Hand dieser stillen Brüder, die
sanfte Schwester „Vergessenheit" schienen über die Erde
zu wandeln und das weite Reich der Nacht mit ihren mohn-
umkränzten Sceptern zu regieren. Die unendliche Stille,
der tiefe Friede ringsumher, wirkten nach dem geräusch-
vollen Abend unendlich wohlthätig auf Mozart ein. Die
Welt der Lust ging leise in ihm unter und eine Welt stillen
Ernstes stieg an ihrer Stelle auf. Alles um ihn her
schlief, ... Alles träumte, alle Leidenschaften waren ent-
schlummert; warum sollte es nicht wie ein wunderbarer
Traum auch über seine Seele kommen?

Und als er die Straßen langsam und in sich gekehrt
dahinschritt, da kam es ihm vor, als sei er todt und in seinem eigenen Herzen eingesargt. Er fühlte ordentlich die
Todtenkälte des eigenen Leichnams in dem eigenen Herzen. Aber er erschrak nicht, nur Trauer erfüllte ihn, daß
er so klein gewesen, klein gestorben und kein Mensch an seinem Sarge traure, über dem eine schwere Kette und eine
Dornenkrone lag. Und die Schatten zweier gewaltiger
Riesen fielen über ihn hin und verdunkelten ihn — und
als er die starrblickenden halberloschenen Augen anstrengte,
da waren die beiden Riesen die Freunde Gluck und Haydn,
und zu ihren Füßen lagen Tausende in Staunen und
Bewunderung verloren. Und er fühlte wie sein bleiches
Antlitz lächelte, nicht aus Neid, wohl aber aus Wehmuth,

weil er selbst so sehnlichst gehofft und gewünscht, ein großer Mann zu werden.... und das Schicksal es ihm versagt.

Aber welch' ungeheurer, schwarzer, bis in die Wolken ragender Schatten taugt dort vor ihm auf? Und der Schatten greift nach ihm und der Sarg springt, und des Todes Starrheit weicht und Mozart wächst und wächst an der Schattengestalt empor, über Haydn und Gluck hinaus. Und wie er jetzt den Schatten ansieht, ist es Idomeneo, die blitzende Königskrone auf dem Haupte, und hinter Idomeneo da stehen noch andere Schatten, größer noch als dieser, schöner noch, gewaltiger.... aber unkenntlich für Mozart's Auge.... nur der Letzte lüftet ein wenig das graue, ihn umhüllende Gewand.... da fährt Amadeus zurück, denn es ist ein Schädel, der ihn angrinzt!!

Mozart fuhr sich mit der Hand über das Gesicht. Er hatte das Ende eines dunkelen Gäßchens erreicht und vor ihm lag in träumerisch-bläulichem Mondscheine der Riesenobelisk des St. Stephansthurmes.

Unwillkürlich blieb Mozart stehen, denn im ersten Augenblicke wußte er nicht recht: war dies der wirkliche Dom, oder war es der riesige Schatten, von dem er eben wach geträumt? Aber die leisen Flügelschläge eines kühlen Nachtwindes weckten ihn förmlich. Wie still, wie groß, wie riesig ungeheuer, wie einsam lag der Prachtbau da!.... Auch hier ein Sarg!.... der dunkle kolossale Sarg des Schiffes der Kirche, angefüllt mit den Leichen der Erinnerung so mancher Jahrhunderte!.... Aber auch hier ein

ungeheuerer nach den Sternen — den Flammenzügen der
Unsterblichkeit — zeigender Finger.

Mozart's Blicke folgten ihm langsam in aufsteigender
Richtung. — Wie er sich höher und immer höher gipfelte,
mit Macht aufstrebend, wie das hoffnungsvolle Leben der
Jugend; — stets nach Abschließung ringend und immer
wieder in steinernen Strahlen in die Lüfte schießend; aber
auch immer einsamer, nackter, ernster... bis endlich
ein dem Auge kaum erkennbares goldenes Kreuz ganz hoch
oben im Strahle des Mondes bläulich funkelt..... wie
das Kreuz auf unserem Grabe, das die gespensterische Hand
des Schicksals uns in den Nebeln der Zukunft zeigt. — —

Mozart's Blick glitt ermüdet wieder hinab, an jedem
Knäufchen oder Säulchen einen kurzen Ruhepunkt nehmend.
Und es war ihm, als ob alle die räthselhaften mystischen
Figuren, Gestalten aus seinem Leben seien, und als ob
alle die steinernen Arme erhüben, und — nach dem stern=
funkelnden Himmel zeigend — leise flüsterten: „Mache
dich unsterblich; dann mag das Kreuz auf deinem Grabe
einsinken, dein Andenken lebt ewig wie jene Sterne!"
Und....„Ja!" — rief Mozart laut — „das soll ge=
schehen! — Großer Gluck, herrlicher Haydn, an euch
will ich mich emporrichten. Deutlicher als je, fühle ich es
in dieser Stunde: Mozart's Name wird unsterblich sein!"

Kaiser Joseph II.

Mozart lebte also nun als selbstständiger Mensch — als Künstler — in Wien.

Wenn ein Musiker ohne Anstellung ist, so muß er privatisiren, und so privatisirte denn auch Mozart in der Kaiserstadt. Das will so viel sagen, als: er trieb, um leben zu können, Alles, was ein Musiker treiben kann; denn von einer Anstellung war nirgends die Rede. Ein Glücksstern leuchtete dem großen aber bescheidenen Manne nicht, und Mozart hatte eben sehr unrecht, groß und bescheiden zu sein; klein zu sein und unbescheiden, führt in dieser Welt viel eher zum Ziele, und selbst das Schicksal scheint das Glück bei weitem mehr an die Beschränkten und Unbedeutenden zu knüpfen, als an geistige oder künstlerische Potenzen; — wahrscheinlich weil jene ohne Glück gar nichts auf der Welt wären, diesen aber immer noch

und in allem Ungemach und unter allen Sorgen und Stür=
men die Schätze und Freuden der inneren idealen Welt
bleiben.

So gab Wolfgang Amadeus Concerte und Lectio=
nen; schrieb Sonaten auf Subscription und arbeitete für
Musikalienhändler gegen ein bestimmtes Honorar. Häufige
Einladungen zu musikalischen Abenden bei dem Adel ver=
mehrten ebenfalls seine Einnahme durch die Geschenke und
Pretiosen, die er davon trug, so daß sich Mozart aller=
dings recht gut gestanden hätte, wenn eines nicht gewesen
wäre..... wenn er nämlich nicht mehr gebraucht
haben würde, als er einnahm. Und — der junge
geniale Künstler brauchte jetzt viel, sehr viel, denn er hatte
sich allmälig zu einem rechten Lebemenschen herausgebildet.

Das hätte nun allerdings nicht viel zu bedeuten gehabt,
wenn Freund Mozart nicht dabei in seine Constanze
verliebt und von der Sehnsucht durchdrungen gewesen wäre,
sie endlich zu heirathen. Er meinte es ja so redlich und
gut mit ihr und seine Seele verlangte so sehr darnach sich
am häuslichen Heerde ein stilles Glück zu gründen. Aber
der Weg zur Gründung eines Hausstandes und einer Fa=
milie ist sicher nicht der: mehr zu brauchen, als man ein=
nimmt; eine Thatsache, die namentlich Mozart's Vater
und Constanzens Mutter sehr gut begriffen.

Mit der Weber'schen Familie verhielt es sich nämlich
wie folgt: Vater Weber war gestorben, nachdem sich
Aloysia vorher schon mit Lange verheirathet hatte. Viel=
leicht war diese unselige Ehe selbst mit eine Ursache für

Vater Weber's frühen Tod: denn nur zu bald erfüllte
sich, was der kluge und verständige Mann vorausgesagt:
Lange, der sich eine kurze Zeit gebessert, fiel ganz natürlich
sehr bald in den angeborenen Leichtsinn zurück und trieb
die geniale Verschwendung und die noch viel genialere Un-
treue so weit, daß nach vielen höchst peinlichen häuslichen
Scenen eine Scheidung erfolgen mußte. Kurz darauf starb
der alte Weber, und da Aloysia um jene Zeit einen sehr
ehrenden Ruf nach Wien erhielt, so folgte ihr die Mutter
mit den übrigen Kindern um so lieber nach Oesterreich's
Hauptstadt, als sie dadurch auch ihrem unwürdigen Schwie-
gersohne und dessen Treiben entrückt wurde, denn Lange
blieb in München.

Besser hatten sich durch diese Vorgänge die Vermögens-
verhältnisse der Familie Weber freilich nicht gestellt. Der
Vater — der Alles auf die Erziehung seiner Kinder ver-
wandt — hatte auch nicht das Geringste bei seinem kleinen
Gehalte hinterlassen können, und wenn auch Aloysia's
Anstellung jetzt eine sehr anständige war, so reichte sie eben
doch kaum aus, die Existenz der ziemlich großen Familie
zu sichern. Mozart aber brauchte — wie wir eben gesehen — was er hatte, und mit seinem Vater stand es so,
daß ihm der Sohn von Zeit zu Zeit zwanzig, dreißig Du-
caten zur Erleichterung seiner alten Tage schicken mußte.

Das waren nun freilich sehr trübe Heirathsaussichten,
und wenn auch Frau Weber Amadeus wirklich wie
ihren Sohn liebte und keinen schöneren Gedanken kannte:
als ihn mit ihrer guten Constanze für ewig verbunden

zu sehen — angehalten hatte er schon den Tag, nachdem er
das Fürstbischöflich Salzburgische Palais verlassen — so
hatte sie doch als verständige Mutter mit einer bewunde=
rungswürdigen Kraft und Entschiedenheit Mozart's Wer=
bung — im Interesse des wahren Glückes Beider — für
so lange zurückgewiesen, bis Wolfgang Amadeus im
Besitze einer festen Anstellung, und mit dieser in der Mög=
lichkeit, eine Familie zu ernähren, sei.

Ganz derselben Meinung war Vater Mozart, der es
in seinen Briefen an praktischen Ermahnungen nicht feh=
len ließ.

Aber die Leidenschaft der Liebe.... frägt diese wohl je
im Leben nach praktischen Ermahnungen? Constanze und
Amadeus fühlten sich durch diese Schwierigkeiten nur
noch in ihr befestigt und mächtiger zu einander hingezogen,
und Lange hätte hier ganz gewiß in seinem unvergleichlich
köstlichen Pathos mit Shakespeare's Romeo gerufen:

„Wie Knaben weg vom Buch, wird Lieb' zum Lieben,
„Doch Lieb' von Lieb', wie's Kind' zur Schul' getrieben.“

Was kümmern die Liebe überhaupt die armseligen Lebens=
verhältnisse?! Sagt doch Jean Paul so herrlich: „Wie
in dem Meere, wenn es ganz still und durchsichtig ist, sich
unten in der Tiefe der gespiegelte Himmel leise und enge
mit dem obern zu Einer Himmelskugel zusammenwölbt,
so daß die Schiffenden wie mitten in einem leichten Aether
der Welt frei hinzuschweben glauben: so weiß die Liebe
Wirklichkeit und Ideal, Erde und Himmel so enge zu ver=
mählen, daß alles weicher Himmel ohne harte Erde wird,

und alle Vergangenheit und Zukunft zur Gegenwart. Denn die Liebe begehrt nichts, als das Jetzt, das sich blos unverändert verlängern soll; darum ist sie aber auch so unerschöpflich reich, weil ihr das „Jetzt" alle Geschenke der Zukunft ersetzt und darreicht durch bloßes Nahesein und Aneinanderdenken. Die Liebe behält immer die heiligen Sternbilder ihres Himmels auf unserer umrollenden Kugel über sich; denn welche Bilder auch die Kugel in Abend verdecke, sie muß neue bringen in Osten!" Uebrigens darf ja ein so innerlich reicher und genialer Mensch, wie Mozart, nur mit kräftigem Willen in den eigenen Busen greifen.... und die Zukunft ist sein! Das fühlte Amadeus auch. Er lächelte daher, wenn seine geliebte, jetzt herrlich aufgeblühte Constanze, Thränen in den Augen, von den Schwierigkeiten ihrer gegenseitigen Lage sprach, und, sie sanft an sich ziehend, rief er dann oft: „O verzweifle nur nicht, mein süßes, liebes Mädchen! Sieh, es weiß ja Niemand, welche Schöpferkraft ich in mir fühle, welcher Reichthum da in meinem Kopf und Herzen schlummert. Es ist ein wahrer Nibelungen-Hort, der nur gehoben sein will, und das kann und das wird die Liebe. Du wirst mein, und sollte ich dich mit List oder Gewalt entführen. Aber erst wollen wir noch den Weg der Güte bei deiner Mutter und meinem Vater versuchen!"

Aber der Weg der Güte half nichts; der ruhige, kalte, vernünftig-berechnende Verstand der beiden Alten legte einen Schlagbaum vor und rief den idealen Weltanschau-

ungen der beiden Verliebten und dem kühnen lebensfreu=
digen Selbstbewußtsein des jungen Künstlers immer sein
eisiges: „Halt!" entgegen, wenn beide brausend angestürmt
kamen.

Da fühlte Wolfgang Amadeus, daß er den Hebel
irgend einer großen That bedürfe, um zum Ziele zu kom=
men; und — siehe da — das Schicksal zeigte sich diesmal
freundlich und bot die Hand.

Es war an einem schönen Septembertage, als ihn der
Baron van Swieten — K. K. wirklicher geheimer Rath
und Präses der kaiserlichen Hof=Bibliothek — ein großer
Verehrer der Tonkunst und ein aufrichtiger Freund Mo=
zart's und Haydn's — im Auftrage ihrer gemeinschaft=
lichen Freundin, der Baronesse Waldstetten, in seinem
Wagen zu einem Besuche auf dem unweit Baden gelegenen
Lustschlosse der Letzteren abholte.

Wien hat bekannterweise herrliche Umgebungen! Wer
kennt nicht die Thäler von Clausen und Brühl, welche
die Burg Mödling und jetzt der schöne Tempel, in dem
die fünf Soldaten ruhen, die in der Schlacht bei Aspern
für den Fürsten von Liechtenstein ihr Leben opferten,
schmücken. In der Nähe befindet sich die alte Burg und
das neue Schloß Liechtenstein mit schönen Anlagen, die
sonst zu den Besitzungen des fürstlichen Hauses Liechten=
stein gehörten, jetzt aber mit der Herrschaft Mödling
der Freiherrn von Waffenberg verbunden sind. Ein
anderer, nicht weniger reizender Punkt ist „das Kreuz."

Unfern der Linie, an der Landstraße nach Baden und

Steiermark erhebt sich ein alt gothisches, 25 Fuß hohes, von Steinen aufgeführtes Denkmal zur „Spinnerin am Kreuz" genannt. Hier ist die Aussicht der man sich nach der weit ausgedehnt daliegenden Kaiserstadt und ihren Umgebungen erfreut, eine wahrhaft überraschende und entzückende. Drei Stufen führen zu dem Denkmale, zwischen dessen hohem und schmalem Bogen man Christus am Kreuz und andere Figuren erblickt und unter diesen besonders eine weibliche hinter einem Spinnrade unterscheidet.

Nach der Volkssage nahm hier im 12. Jahrhundert eine edle Maid von ihrem nach Palästina ziehenden Ritter Abschied und gelobte, an dieser Stelle so lange unter freiem Himmel zu spinnen, bis der Geliebte zurückkehre. Nach Jahren kam er endlich heim, führte sie nach seiner Burg und setzte dieses Denkmal treuer Liebe.

Und wie reizend ist überhaupt Baden, das liebliche Städtchen am Fuße des Calvarienberges und am Flusse Schwechat; — Baden, mit seinen köstlichen Heilquellen, bei deren Ursprung die schöne Inschrift angebracht ist: „Der leidenden Menschheit gewidmete Wohlthat der Natur!".... Und dann, der herrliche Merkenstein, Waltersdorf, Schönau, Vöslau, Mödling, Laxenburg! Laden sie nicht alle zu den genußreichsten Landpartien ein, deren Mittelpunkt zu Wagen in einer halben bis einer Stunde zu erreichen ist, und deren jede durch Kunst und Natur so viel eigenthümlichen Reiz besitzt, daß es schwer fallen würde, einer darunter den Vorzug zuzugestehen?

Auch ganz in der Nähe hat Baden die herrlichsten

Spaziergänge, mehrere größere Anlagen, einen hübschen
Park und verschiedene Ruinen, die ungeachtet ihrer Höhe
doch bequem zu besteigen sind. Unbeschreiblich schön aber
ist der Weg nach Heiligenkreuz und durch die Brühl
zurück. Und gerade hier lag der Landsitz der Baronesse
Waldstetten, und zwar in der That wie in einem Paradiese! Schon am Eingange des Helenenthales prangt
die prächtige Weilburg, vor und hinter deren Palast sich
die großartigsten Anlagen ausdehnen. Dann die Berg-
schlösser Rauhenstein, Drachenstein und Rauheneck,
die Hauswiese, der Wasserfall, die Krainerhüt-
ten, die Anlagen auf dem Gemssteig, die Königs-
höhle, Kottingbrunn, Doblhofgarten, Lees-
dorf.......! Mozart kam aus dem Staunen über alle
die Tausende von reizenden Ansichten gar nicht heraus.
Er war zwar jetzt schon lange in Wien und schon unendlich
oft bei seiner Gönnerin und mütterlichen Freundin, der
Baronesse Waldstetten, in ihrem Palais in der Hauptstadt gewesen, ja er aß fast wöchentlich einmal bei ihr.....
aber auf ihrem Landsitze besuchte er sie heute zum ersten
Male.

Die Baronesse war nämlich eine ganz eigenthümliche
Frau. Aus einem sehr ansehnlichen, alten und reichen
Hause stammend, charakterisirte ihre äußere Erscheinung
eine gewisse aristokratische Strenge, die durch die Länge
der Zeit — sie war hoch in den Sechszigern — nur noch
schärfer hervortrat. Und diese Strenge und Härte in
Zügen, Haltung und Wesen milderte keineswegs Schön-

heit. Pockennarben hatten sie schon in der Jugend ent=
stellt und bittere Lebenserfahrungen so viele Runzeln über
die Stirne und um den Mund gezogen, daß sie in der That
wie eine Ruine in die Gegenwart schaute, — aber wie eine
stolze, die, trotz aller Stürme, ihre Mauern noch kühn in
die Wolken hebt; denn — dem Alter zum Spott — waren
Haltung und Gang der Baronesse noch immer aufrecht,
fest und entschieden. Sie waren eben der Spiegel ihres
Charakters, dessen Hauptzug ein kühnes und entschlossenes
Wesen war.

Nach dieser äußeren Erscheinung hätte freilich Niemand
erwarten sollen, daß sich unter dieser rauhen, fast für den
ersten Augenblick abstoßenden Schaale ein Herz berge, das
reich an den schönsten Tugenden, — eine Güte, die uner=
schöpflich, — ein Geist, der für alles Große und Edle un=
gemein empfänglich war.

So kam es, daß man sie in der Welt für stolz und
hochmüthig verschrie, während sie im Stillen Tausenden
von Armen und Bedrängten mit einer Liebenswürdigkeit
und Delicatesse half, die ihren Gaben geradezu doppelten
Werth verliehen. So kam es, daß sich die meisten ihrer
Standesgenossen mit einer gewissen Scheu fern von ihr
hielten, während die Wenigen, welchen sie den Vorzug eines
näheren Umganges einräumte, für sie schwärmten. Nur
der Scharfblick Kaisers Joseph's II. hatte sich nicht blen=
den lassen. Er hielt viel auf sie; — ja man wollte wissen,
daß er öfter im Geheimen die Gesellschaft der alten Dame
suche und sich sogar in verwickelten Fällen Rath bei ihr hole.

8*

Mozart gegenüber war aber die Baronesse Wald=
stetten geradezu eine liebende Mutter. Sie kannte ihn noch
von Kind her, da sie bei seinem ersten Besuche in Wien
sich als Ehrendame im Gefolge Maria Theresiens be=
funden; jetzt war er ihr auf's Neue durch Baron van Swi=
ten zugeführt worden. Die schmähliche Behandlung dieses
jungen Talentes von Seiten des Fürstbischofs von
Salzburg, die seiner Zeit Stadtgespräch geworden war,
hatte ihm ihr Herz doppelt erschlossen. Sie war empört
über dies Betragen, — wie sie nichts Schlechtes sehen
konnte ohne empört zu sein und mit allen Kräften dagegen
zu wirken — und so zog sie ihn, so zu sagen in einer heili=
gen Indignation zu sich heran, ihm Schützerin, ja Mutter
zu sein.

Und wie hätte nun wieder das vortreffliche, kindliche
Herz Mozart's ein so edles Benehmen, eine so treue
mütterliche Freundschaft nicht mit aller Wärme erwidern
sollen? Er hatte daher auch vor ihr kein Geheimniß —
nicht einmal das seiner Liebe — ja er that in schwierigen
Fällen nichts, ohne seine ältere Freundin darum befragt
zu haben. Außerdem war er in ihrem Hause in der Haupt=
stadt wie zu Hause; daß sie ihn aber bis heute noch nicht
auf ihr Landgut eingeladen, fiel ihm keineswegs auf, da er
ihre Eigenheiten kannte und schonte; und dort pflegte die
Baronesse nur den Adel zu empfangen. Immerhin war er
daher heute erstaunt, als ihn van Swieten nach dem
aristokratischen Heiligthume abholte; aber er freute sich
dessen zugleich, denn der Tag war herrlich. Erinnerte ihn

doch der reine, tiefblaue Himmel an das schöne Italien;
prangten doch alle Bäume und Gewächse in jenen viel-
fachen Tinten des Herbstes, die jeder Landschaft einen er-
höhten Reiz geben. Brausten doch die schönen Pferde vor
des Barons elegantem Wagen so rasch wie der Wind dahin; — und gab dies prächtige Hinrollen in der offenen
Equipage, der frischen kräftigen Luft entgegen, nicht ein
Gefühl von doppelter Freiheit, der in Gottes Natur und
jener von allen Sorgen? Und war Mozart's kindliches
Gemüth nicht allen Freuden und Genüssen ebenso offen,
wie seine Seele dem Schönen?

Er war jetzt, bei Gott, nicht nur so glücklich wie ein
Kind, nein — auch so ausgelassen, und da van Swieten
Witz und Scherz liebte, so hielt Mozart auch in keiner Weise zurück. Er erzählte dem Baron lustige Geschichten von Schikaneder und aus seinem eigenen Leben,
sprach in drolligen Versen und machte des Teufels Possen,
so daß Swieten vor Lachen seinen Bauch halten mußte.
Auch auf dem Landgute angekommen, hielt seine heitere
Laune Stand. Er neckte Mütterchen Waldstetten heute
zum erstenmale weiblich mit ihrem ländlichen Heiligthume,
wo sie ganz sicher Rendez-vous habe, und darum eine so
exclusive Athmospäre um dasselbe ziehe. Die gute Frau
ging auch in allem Ernste auf diese Behauptung ein, ja sie
spielte darauf an, daß sogar heute vielleicht noch eine Ver-
schwörung hier zu Stande komme.

Man scherzte, lachte und Amadeus war während des
Mittagessens so liebenswürdig, daß die Blicke seiner Be-

schützerin mit mütterlichem Wohlbehagen auf ihm ruhten. Da öffnete sich plötzlich die Thüre, und ..... Kaiser Joseph trat ein.

Der Kaiser war damals ein angehender Vierziger, gesund und voll Feuer. Die hohe Stirne, die kühn geschwungenen Augenbrauen, die gebogene Nase, der kleine feingeschnittene Mund, die großen seelenvollen blauen Augen — alles erinnerte an seine Mutter und kündete zugleich den Mann von Geist und Energie. Dennoch lag etwas in diesen schönen edlen Zügen, was von harten Prüfungen sprach, aber eben deßwegen auch eine gewisse Milde und Menschenfreundlichkeit über sie verbreitete. Kaiser Joseph II. war seit kurzem — durch den Tod seiner Mutter — alleiniger Herr und Gebieter über Oesterreich und zweiundzwanzig Millionen Menschen geworden; aber er hatte dabei nichts von seiner edlen Anspruchslosigkeit aufgegeben, und wie er — der große Reformator seiner Staaten, auf den die ganze Welt mit Staunen blickte, — jetzt in dem Speisesaale der Baronesse Waldstetten unangemeldet in ganz einfachem militärischem Kleide eintrat, hätte Niemand vermuthen sollen, daß dieß Oesterreichs und Deutschlands Kaiser sei.

Von den Anwesenden aber war er nicht nur genau gekannt, sondern auch mit Enthusiasmus verehrt; man kann sich daher denken, welch' freudige Ueberraschung sein Erscheinen hervorrief; obgleich die Baronesse sicher etwas davon vorher gewußt hatte.

Joseph aber ging ganz unbefangen auf die Dame des Hauses zu und sagte mit freundlichem Lächeln:

„Habe ich Sie einmal überrascht?"

„Ja!" — entgegnete die Baronesse mit einer tiefen, formellen Verbeugung aber ebenso freundlichen Mienen — „einer solch' liebenswürdigen Gnade von Seiten Ew. Majestät waren wir freilich hier nicht erwartend."

„Nun", — fuhr Joseph fort — „ich wollte mich nur einmal selbst überzeugen, ob die Lästerzungen recht haben und meine gute Waldstetten hier, auf ihrem Tusculum, im Geheimen ihre Anbeter versammelt, — und wen erwische ich? Baron Swieten und Maestro Mozart."

„Ach!" — sagte die alte Dame seufzend — „meine Anbeter sind das nicht, die Zeiten sind leider vorüber! aber .... da nun doch gebeichtet werden muß, will ich unsere gemeinsame Sündenschuld bekennen. Wir beten hier zusammen eine andere Dame an."

„Ich will nicht hoffen!" — rief Joseph lachend — „Sie werden doch keine Sektirer sein?"

„Gewissermaßen doch! Wir haben der göttlichen Musika einen Altar errichtet."

„Nun, die frommen Herrn zu Rom dürften darin schon etwas Heidenthum wittern. Ich will Sie aber nicht verrathen, wenn Sie mir alle drei versprechen, auch nichts davon zu sagen, daß ich hier war."

Die Anwesenden versprachen dies; Joseph aber fuhr fort:

„Sie werden diese Vorsicht vielleicht Engherzigkeit

nennen; aber ich gebrauche sie nicht wegen mir, sondern wegen unserer trefflichen Waldstetten. Die Menschen sind so erbärmlich, daß sie, — so wie sie auf etwas stoßen, das über ihren Horizont geht, — gleich etwas Schlimmes sehen."

„Menschen!" — entgegnete die Baronesse achselzuckend. — „Es ist traurig, daß diese schöne Bezeichnung nur für so Wenige paßt."

„Freilich!" — sagte der Kaiser. — „Das Leben der Pflanzen geht auf im bloßen Dasein, sein Genuß ist ein rein subjectives, dumpfes Behagen. Bei den Thieren tritt Erkenntniß hinzu: doch bleibt diese auf die nächsten Motive beschränkt. Daher finden auch sie im bloßen Dasein ihre volle Befriedigung und es reicht zu, ihr Leben auszufüllen. Sie können demnach viele Stunden ganz unthätig und natürlich auch ganz gedankenlos zubringen, ohne Unbehagen oder Ungeduld zu empfinden. Gleichen ihnen nicht zahllose Menschen, deren oberste Maxime es ist: mit dem kleinst möglichsten Aufwand von Gedanken auszukommen?! Und das sind am Ende doch noch die unschädlichsten; denn während Pflanzen und Thiere nur ihrer Bestimmung leben, kehren die begabteren Menschen meistens gerade das, was sie zu Menschen machen sollte, ihre von Gott erhaltene Vernunft, gegen sich und ihre Bestimmung."

„Glücklicherweise" — sagte hier van Swieten — „gibt es aber doch hiervon auch noch Ausnahmen."

„Allerdings!" — meinte der Kaiser — „aber" — setzte er hastig hinzu — „sie sind selten."

„Dafür" — fuhr Swieten fort — „ersetzt eine einzige geniale Erscheinung, wie Ew. Majestät Hunderttausende der gewöhnlichen Seelen. Der Geniale ist unter den anderen Köpfen, was unter den Edelsteinen der Karfunkel: er strahlt eigenes Licht aus, während die andern nur das empfangene reflectiren; oder noch besser gesagt: die großen Geister sind die Leuchtthürme der Menschheit, ohne welche diese sich in das gränzenlose Meer der entsetzlichsten Irrthümer und der Verwilderung verlieren würde."

„Lieber Swieten" — rief hier lächelnd der Kaiser — „ich glaube eher, daß die Menschen im Allgemeinen jeden genialen Mann für einen Hasen ansehen, von dem sie wissen, daß er erst nach seinem Tode genießbar ist; auf den man daher, so lange er lebt, schießen und schlagen muß. Wer von seinen Mitmenschen und von seinem Zeitalter Dank erleben will, muß mit demselben gleichen Schritt halten. Dabei aber kommt nie etwas Großes zu Stande. Wer dies beabsichtigt, muß daher seine Blicke auf die Nachwelt richten, und, mit fester Zuversicht, für diese schaffen und wirken; wobei es freilich kommen kann, daß ihn die Mitwelt verkennt, und dann gleicht er dem, der genöthigt ist, sein Leben auf einer wüsten Insel zuzubringen, und der daselbst mühsam ein Denkmal errichtet, künftigen Seefahrern zur Kunde seines Schicksals und zu reicher Belehrung."

„Aber" — sagte hier Mozart — „er wird alsdann

doch eine Belohnung in sich tragen: das Bewußtsein dessen, was er nicht Andern, sondern sich war."

„Freilich!" — rief Joseph mit eigenthümlicher fast schmerzlicher Betonung. — „Wer hat wohl mehr gelebt, als der, welcher Augenblicke hatte, deren bloßer Nachklang durch die Jahrhunderte und ihren Lärm vernehmbar bleibt! Sollte auch sein Leben und Wirken in eine Zeit fallen, die ihn nicht erkennt, so bleibt er doch immer er selbst." — Und sich schnell zu Mozart wendend, setzte er — ihm auf die Schulter klopfend — hastig hinzu: „Da seid ihr Künstler glücklicher! Behagt euch euer Zeitalter oder eure Umgebung nicht, bleibt es euch immer vergönnt, in stiller Zurückgezogenheit, euch selbst und der Kunst zu leben."

„Doch nicht so ganz, Majestät," — versetzte hier Mozart — „der Künstler kann wohl für sich im Genuße seiner Kunst schwelgen und dadurch glückliche Stunden haben, immer aber wird ihm eine innere Stimme sagen: du bist nicht um deiner selbst willen da, sondern deine höhere Aufgabe ist es, dein Werk als ein heiliges Depositum und die wahre Frucht deines Daseins zum Eigenthum der Menschheit zu machen, es niederlegend für eine besser urtheilende Nachwelt. Dies wird ihm dann zum Zweck, der allen andern Zwecken vorgeht und für den er willig selbst die Dornenkrone trägt."

„Welche einst zum Lorbeerkranze ausschlagen soll!" — rief Joseph und seine großen schönen blauen Augen ruhten mit Wohlgefallen auf dem jungen Maestro. — „O! ich fühle recht wohl, worin die Triebfedern bestehen, die euch

Künstler zum Schaffen treiben. Das eigene Ergötzen ist
es freilich nicht allein, denn dieses wird von der großen Anstrengung fast überwogen. Vielmehr ist es ein geheimes
geistiges Wehen ganz eigener Art, vermöge dessen der geniale Mensch getrieben wird, sein Schauen und Fühlen in
dauernden Werken auszudrücken, ohne sich dabei eines fer-
neren Motivs bewußt zu sein. Es ist, als ob der göttliche
Geist selbst, schaffend und gestaltend, in ihm auftrete,
damit das Licht, welches von ihm ausgeht, wohlthätig ein-
brechen möge in die Dunkelheit und Dumpfheit des gewöhnlichen Menschenbewußtseins."

„Wie wahr haben Majestät dies erfaßt!" — rief hier
Mozart staunend. — „Das ist es, was den Künstler treibt,
ohne Rücksicht auf Belohnung, Beifall oder Theilnahme,
ja oft mit Vernachlässigung der Sorge für sein persönliches
Wohl, emsig und einsam, mit größter Anstrengung seine
Werke zu vollenden, indem er dabei mehr an die Nachwelt,
als an die Mitwelt denkt. Er ist und fühlt sich dabei
als den Träger des ewigen göttlichen Geistes, der
ihn in den Stunden der Weihe erfaßt und mit
Sturmesgewalt mit sich fortreißt zu den Höhen
menschlichen Seins und göttlicher Schöpferkraft!"

Mozart hielt inne, seine Augen aber blitzten, wie die
eines Feldherrn, der — den Plan der Schlacht ordnend —
über die Ebene schaut, die noch heute seine Siege sehen soll.

Der Kaiser sah ihn freundlich an, dann sagte er:

„Ich habe mich nicht in Ihnen getäuscht, Mozart.
Schon lange wünschte ich Sie einmal so recht ungenirt zu

sprechen und das gibt sich hier nun ganz vortrefflich. Ich
liebe, wie Sie wissen, die Musik; aber ich wünschte auch,
daß meine Völker sie immer mehr und mehr schätzen lernten.
Denn Musik hebt, bildet, veredelt. Ein Volk, dem die
Musik an das Herz gewachsen ist, wird nie ganz sinken.
Nun haben wir zwar in einzelnen großen Städten Opern —
aber so recht volksthümlich ist die Musik bei uns doch nicht.
Hier, wie in anderen Dingen herrscht Italien, und dieser
Fremdherrschaft muß ein Ende gemacht werden. Wollen
Sie mir in diesem Streben an die Hand gehen?"

"O, mein Kaiser," — rief Mozart begeistert — "das
ist ja gerade das Ideal meines Lebens!"

"Nun gut!" — sagte Joseph — „so treffen unsere
Wünsche und Strebungen überein. Aber ehe wir auf Nä-
heres und Weiteres eingehen, müssen wir erst einmal der
Sache auf den Zahn fühlen. Wie kommt es, daß die italienische Musik sich eine solche Weltherrschaft errungen
hat? . . . . Oder . . . . . beantworten Sie mir lieber erst eine
andere Frage: „Worin liegt die Ursache, daß die Musik
in Italien nicht allein eine allgemein verbreitete und beliebte Kunst, sondern in unseren Tagen eigentlich für die
Italiener die Kunst überhaupt ist?"

"Weil sich in allen Ständen" — entgegnete Mozart —
„die unersättliche Lust darnach geltend macht. Man will
und findet sie in der Kirche, im Theater, zu Hause; und
weil ein angeborner feiner Sinn für sie allgemein ist. Es
hat sich dadurch in Italien nicht allein eine ganz bestimmte
musikalische Tradition von nationalem Charakter in der

Production wie im Urtheil gebildet, sondern auch so zu sagen ein musikalisches Klima, welches ganz besonders geeignet für den Künstler ist."

„Mag sein!" — versetzte Joseph. — „Dadurch wird es denn auch natürlich dem Künstler leicht, in Italien zu leben. Sieht er sich doch einen bestimmten Weg angewiesen, um die Gunst eines Publikums zu erlangen, daß ihn durch Aufmerksamkeit und Verständniß zu immer neuen Anstrengungen anspornt."

„Und" — rief Mozart — „für jedes Gelingen durch lebhaften, ja enthusiastischen Beifall belohnt."

„Ich wünschte in Deutschland wäre es auch so!" — sagte der Kaiser jetzt, und ein leichter Schatten flog über seine hohe Stirne. — „Indessen Opern und Kirchenmusik fallen dort doch zu viel ineinander."

„Das, Majestät, hat seine zwei Seiten!" — versetzte Mozart.

„Wie so?"

„Nun, unter der guten Seite verstehe ich, daß sich Opern- und Kirchenmusik dort gegenseitig unterstützen."

„Allerdings!"

„Es gehört, wie Majestät wissen, zum Glanze fürstlicher Höfe und reicher Städte im Carneval oder bei festlichen Gelegenheiten Opernvorstellungen zu geben. Und dabei wird nicht allein kein Aufwand gescheut, die ausgezeichnetsten Sänger und Sängerinnen zu engagiren, sondern es müssen für jede stagione auch mehrere,. gewöhnlich drei, neue Opern geschrieben werden, für welche man nun ebenfalls

berühmte und beliebte Componisten zu gewinnen bemüht
ist. Das stachelt an, das begeistert, das giebt
Trieb! — — Aber wo ist das in Deutschland der Fall?
— Ebenso gehört es auch zu der Würde der Kirche minde=
stens an den Hauptfesttagen den musikalischen Theil des
Cultus mit allem Glanze auszustatten".....

„Wobei freilich die reich dotirten Kirchen und Klöster
mit den Theatern rivalisiren können!"

„Was aber ist die Folge dieser Rivalität?" — rief hier
Mozart immer lebendiger werdend. — „Es werden fort=
während eine Menge von bedeutenden Kräften für musi=
kalische Production und Ausführung in Anspruch genom=
men; — es ist reichliche Gelegenheit da, sich zu versuchen
und sich auszuzeichnen; jedes Talent kann sich ausbilden
mit der Hoffnung bemerkt und benutzt zu werden."

„Und das ist freilich eine der wesentlichsten Bedingun=
gen für eine lebendige Entwicklung der Kunst!" — sagte
der Kaiser.

„Und welch' treffliche Anstalten für die musikalische
Ausbildung der Jugend hat Italien!" — rief Wolfgang
Amadeus begeistert. — „Venedig allein zählt deren
vier, — Neapel drei, — Bologna drei!"

„Aber" — sagte hier Joseph II. lächelnd — „ver=
gessen wir auch die Schattenseiten nicht. Jene gegenseitige
Unterstützung der Opern= und Kirchenmusik hat doch auch
sein Schlimmes."

„Allerdings!" — versetzte Mozart — „deßhalb sprach
ich vorhin von zwei Seiten. Daß diese Einigung der

musikalischen Kräfte durch den überwiegenden Einfluß, welchen die Oper in Italien gewonnen hat, der Würde und Reinheit der Kirchenmusik schadet, ist nicht zu läugnen. Für die consequente Ausbildung in Allem, was die Hand= habung der Form und Technik anlangte, war diese Concen= tration aller Kräfte ein entschieden günstiger Moment und der Erfolg um so größer, als die fast instinktive Sicherheit eines nationalen Geschmackes vor Abirrungen und Aus= schweifungen schützte, welche den fest bezeichneten Entwick= lungsgang nur hemmen und aufhalten konnten. Daß aber auch eine so geartete Kunst durch die in unseren Zeiten einseitige Ausbildung einer nationalen Richtung, zumal einer dem Formellen wesentlich zugewandten, sich am Ende ausleben muß, ist in dieser ihrer Natur begründet."

„Aber ist denn eine Befreiung der Musik aus den ihr in Italien gesteckten Schranken nicht möglich?!" — rief hier Joseph II. mit dem ihm eigenen reformatorischen Ungestüm.

„Warum nicht!" — sagte Mozart mit flammenden Blicken. — „Ist dies, wie ich Majestät vorhin zu be= merken schon die Ehre hatte, doch schon lange mein Wunsch, mein Streben und mein Ziel. Die beengenden Schranken der Nationalität müssen eben abgeschüttet wer= den, während man der italienischen Formvollendung deutsche Tiefe und Gehalt giebt."

„Das ist wohl leicht gesagt, aber schwer ausgeführt!" — meinte der Kaiser. Mozart schüttelte mit dem Kopfe „Warum denn?" — rief er eifrig und ganz vergessend,

daß er mit Oesterreichs Herrscher sprach: und die Ueber=
zeugung der Möglichkeit glänzte in seinen tiefen Augen. —
„Man muß sich nur wieder der Natur nähern und das
Wahre und Rechte in der Musik zu Tage bringen. Die
Oper muß aus den Händen der Sänger und Sängerinnen,
— die dramatische Charakteristik muß wieder die Oberhand
über die Bravour erlangen. Die Unnatur der Castraten=
sängerei und der Paroxismus für italienische Sängerinnen
müssen aufhören; — Natur, Leben und Wahrheit
müssen die tollen Schnörkeleien ersetzen; musikalische
Schönheit, Adel und Würde in den Melodien, in
der Harmonie ein Hauptaugenmerk des Compo=
nisten sein, und die Symetrie der einzelnen Theile und
ihre Abrundung zum Ganzen eine innere Einheit der Stim=
mung geben, dann bekommen wir eine deutsche Musik und
eine deutsche Oper!" *)

Mozart glühte vor Erregung. Es war ja die große
Idee, die ihn schon lange im Stillen beschäftigt, und so
verklärte sich sein Antlitz, während er von ihrer Realisirung
sprach. Die Ueberzeugung durchdrang ihn, daß die Musik
einer Reformation bedürfe und er fühlte, daß er dazu ge=
schaffen sei, diese Reformation anzubahnen. Aber der
Mann, der neben ihm stand, fühlte dies auch."

„Sprechen Sie weiter!" — sagte daher Kaiser Jo=
seph, — „ich möchte Sie ganz hören!"

„Nun" — versetzte Mozart, der die Wichtigkeit des

---

*) Jahn: I. Thl. S. 244—250. 257 u. f.

Augenblickes wohl begriff, — „vor allen Dingen also eine Kriegserklärung all' den abscheulichen Mißbräuchen, welche die Eitelkeit der italienischen Sänger und die Nachgiebigkeit der Componisten bei uns eingebürgert hat. Gluck, der große Meister, ist hier ja mit einem herrlichen Beispiele schon vorangegangen. Auch er will nicht den Gang der Handlung zur unpassenden Zeit durch ein Ritornell unterbrechen, nicht einer Passage oder Cadenz den Ausdruck opfern, nicht dem Herkommen zu Liebe den zweiten Theil einer Arie vernachlässigen, wenn die Situation auf denselben allen Nachdruck zu legen gebietet, um nur die unbedeutenderen Worte des ersten Theils viermal zu wiederholen und die Arie gegen den Sinn des Textes zu schließen. Die Symphonie *) muß von nun an dem Charakter des Dramas entsprechen und den Zuhörer auf dasselbe vorbereiten. Denn der erste Grundsatz des Componisten muß dahin gehen, der Musik ihren wahren Wirkungskreis zuzuweisen, so daß sie in jedem Moment der Situation entspricht. Fort dann mit allem überflüssigen Schmuck! Das Colorit diene nur den Umrissen Leben und Ausdruck zu geben. Das höchste Ziel aber sei eine schöne, edle Einfachheit, die alle Künstelei verschmäht, wenn es der Klarheit schadet und nicht aus der Sache selbst mit Nothwendigkeit hervorgeht, **) — ein hoher freier Flug,

---

*) Ouvertüre.

**) Gluck's Dedicationsschreiben zur „Alceste." Jahn: II. Thl. Seite 219.

der mit sicheren Zügen die Gebilde beseelt, — der aus der Tiefe eines ächt deutschen Herzens eine reiche Fluth ächt deutscher Melodien schöpft, — der alles, was mit ihm in Berührung kommt, adelt und mit kühnem Flügelschlage emporträgt in die Sphären göttlicher Harmonie!"

Mozart hatte geendet. Sein Antlitz glühte und strahlte, aber auch das des Kaisers, der ihm jetzt freudig mit den Worten die Hand darreichte:

„Mozart! Sie sind mein Mann! So vernehmen Sie denn, daß ich entschlossen bin, jetzt mit meinen Reformplänen in Betreff der Musik so gut Ernst zu machen, als mit meinen politischen. Ich will eine nationale Oper gründen und das Joch der Italiener auch hier brechen! Eingeborne Sänger und Sängerinnen sind bereits berufen. Sie, sollen ihr Maestro sein, und was Tüchtiges aus ihnen schaffen. Aber mehr noch!" — setzte er lebhaft hinzu und zog ein Heft aus seiner Tasche, das er Mozart reichte.— „Hier habe ich von Bretzner ein recht artiges Stück: Die Entführung aus dem Serail schreiben lassen; — ich denke Mozart erhebt es zu der ersten ächt deutschen Oper!"

Wer war glücklicher als Wolfgang Amadeus? Was er so sehnlichst gewünscht, hatte sich so plötzlich erfüllt. Er war beauftragt eine neue Oper zu componiren, — beauftragt von Oesterreichs Kaiser — und eine Oper für das erste deutsche Nationaltheater!

Es war gut, daß der Kaiser sich jetzt rasch bei der Ba-

ronesse beurlaubte; denn war Mozart's Laune schon vor
dessen Ankunft eine rosenfarbige gewesen, so war sie jetzt
ausgelassen.   Er machte die tollsten Streiche, — auch an
dem Claviere; aber die Ungeduld, das Textbuch zu lesen
und zu studiren, ließ ihm keine Ruhe.

Swieten mußte einspannen lassen und als die Ba=
ronesse den Abfahrenden noch ein Adieu aus ihrem Fenster
zuwinkte, sagte sie lächelnd zu sich selbst: „Er ist, bei Gott,
noch ein Kind!.... aber.... ein recht liebenswürdiges!"

Ein Blick in die Zeit.

— · —

„Vivat! der Kaiser will eine Reformation der Musik! er will eine deutsche Oper, und Du sollst ihm dabei behülflich sein!" das war der Gedanke, der Mozart jetzt erfüllte, begeisterte und beseligte.

Und der Kaiser und Mozart wurden in der That die Geburtshelfer einer aus dem Boden deutscher Culturentwicklung mit Naturnothwendigkeit hervorgewachsenen für deutsches Leben, deutsche Gemüths- und Geistesentwicklung unschätzbaren Erscheinung.

Aber die ganze culturgeschichtliche Entwicklung unseres Vaterlandes drängte auch nach dieser Erscheinung hin. Es war eine Zeit der geistigen Auferstehung für Deutschland, über das damals ein warmer Frühlingshauch hinzog, der in den socialen Verhältnissen, in politischer Beziehung, in Kunst und Wissenschaft zu den schönsten Hoffnungen be-

rechtigte. Man denke nur an die Namen Klopstock,
Hagedorn, Haller, Kleist, Gleim, Uz, Gellert,
Rabener, Weiße, Winkelmann, Lessing, Basedow, Adelung, Thümmel, Ramler, Hölty, Bürger, Herder, Kant, Voß, Wieland, Schlözer, Bach,
Händel, Graun, Haydn, Gluck, Mozart und die
flammenden Morgensterne jener Tage Schiller
und Göthe, von welchen der erstere damals 33 Jahre alt
war, und durch seine „Räuber" allgemeines Aufsehen
erregt hatte, letzterer aber schon als großer Dichter dastand.
Und dabei auf staatlichem Gebiete Friedrich II. und
Joseph II.!

Joseph II. — sagt Schlosser in seiner „Geschichte
des achtzehnten Jahrhunderts und des neunzehnten," indem
er vor unseren Blicken ein Bild jener Zeit entrollt — Joseph II. wollte mit monarchischer Gewalt bewirken, was
man in andern monarchischen Staaten mit Gewalt zu hindern sucht; er gerieth daher aus einem ganz entgegenge-
setzten Grunde als andere Autokraten mit dem Zeitgeiste
in Zwist. Er wollte Verwaltung, Regierung und Unterricht, Erziehung und Einrichtung des Religionsverhält-
nisses, wie die Gesetzgebung und die Rechtspflege seiner
Staaten verändern; das war freilich, ohne das Volk zu
Rathe zu ziehen, unmöglich, und das Volk wollte Joseph
nicht befragen; seine Geschichte ist daher die lange Leidens-
geschichte eines Fürsten, der vom besten Willen beseelt
mit dem Bestehenden kämpft, ohne Gehülfen und
Bundesgenossen zu finden. Er setzte seinen eigenen

gesunden Verstand dem Herkommen und Schlendrian, der
Politik, dem Pedantismus der Rechtswissenschaft, dem
herrschenden Aberglauben, der Verfassung sogar und allen
Urkunden entgegen; er mußte daher oft auch wieder seinen
Willen hart werden, um nur die Einrichtungen durchzu=
setzen, deren sich bis auf den heutigen Tag die Verständigen
in Oesterreich freuen.

In den anderen Ländern sah es freilich viel schlimmer
aus. — Da im letzten Viertel des achtzehnten Jahrhun=
derts auch nicht einmal der Schatten politischer Freiheit,
öffentlicher mündlicher Verhandlungen und Freiheit der
Presse gefunden wurden, so wäre ohne den damals unter
vielen Fürsten und unter den besseren Ministern herrschen=
den Eifer für Aufklärung des Volks und Abschaffung der
Mißbräuche in Deutschland jede Aeußerung über öffentliche
Angelegenheiten unmöglich gewesen. Politische Zeitungen
waren so gut wie gar nicht vorhanden, denn was konnten
die gebuldeten und unter scharfer Censur gehaltenen in
einem Lande berichten, wo weder die Gerichtsverhandlungen
mündlich, noch öffentlich waren, wo der Bürger weder die
Schrift seines Advokaten noch das Urtheil seines Richters
verstehen konnte, weil beide halb lateinisch, halb kauder=
welsch abgefaßt waren, und wo das Urtheil der Form we=
gen oft in einem einzigen Satze von zwei oder drei athem=
losen Seiten gefaßt war. In einem Lande, wo selbst die
Feudalstände in amtlichem und vornehmem Stillschweigen
und Geheimniß gehalten wurden? Wer hätte es auch nur
wagen dürfen, einen von den winzigen Reichsgrafen oder

hochgeborenen Reichsbaronen, die in den Dörfern und Wei=
lern souverän waren, oder einen der abligen oder bürger=
lichen Bürgermeister, welche in den Städten polizeilich und
juristisch herrschten, durch ein Wort der Wahrheit zu rei=
zen? Nur durch die Begünstigung der Regierungen, welche
eine ähnliche Art der Literatur, als die war, wegen deren
sie die Franzosen bewunderten, emporbringen wollten, konn=
ten sich Zeitschriften unter uns eine Existenz sichern. Den=
noch gab sich jener obenerwähnte Frühlingshauch hie und
da kund.

In Braunschweig schützte der Herzog erst Lessing,
später Mauvillon gegen das fanatische Geschrei der theo=
logischen und politischen Verfolger. In Weimar verei=
nigte erst die verwittwete Herzogin Anna Amalie, geborene
Prinzessin von Braunschweig, hernach der junge Herzog
eine Anzahl von Männern, welche mitten unter der Lite=
ratur der von dem sächsischen Hofadel begünstigten faden
Tagesliteratur und der Witzelei eines Musäus und
Kotzebue eine solidere Literatur gründeten. Göthe,
Herder, Schiller mußten freilich dem Hofgeschmack der
gnädigen Frauen und Herren, dem sich Wieland ganz
anpaßte, oft huldigen; allein alle vier wurden gerade da=
durch nützlicher, als sie sonst gewesen wären, daß sie alle
Klassen und Stände an die neue Literatur knüpften und
die Pariser Waare durch bessere entbehrlich machten.

In Gotha ließ freilich die Herzogin zu Gunsten ihres
Sohnes im siebenjährigen Kriege auf der einen Seite
Pütter kommen, um dem künftigen Regenten Reichsge=

schichte und Reichsprozeß zu lehren und auf der andern von
Voltaire, der nicht das Geringste von deutscher Geschichte
verstand, ein Buch darüber verfertigen; allein selbst dies
Letztere bewies doch, daß sie dazu beitragen wollte, dem
wüsten alten Treiben ein Ende zu machen. Auch die Cor-
respondenz Grimm's mit dem nachherigen Herzoge, beweist, daß die Regenten das Streben der Nation, der
alten Bande entledigt zu werden, theilten, und das Fort-
schreiten begünstigten.

Es ist ferner bekannt, wie Herzog Carl von Wür-
temberg auf militärische Weise die Fortschritte der neuen
Bildung zu fördern suchte, deren Bedürfniß er wirklich
empfand, während von Schlieffen den Landgrafen
von Hessen-Cassel dahin brachte, daß er sich derselben
thätig annahm, ohne daß er selbst den geringsten Sinn
dafür hatte. Im finstern Münsterlande war der edle
Fürstenberg als Minister ein eifriger Freund des Lichtes,
und nahm sich der aufstrebenden und verbessernden Ge-
lehrten an. F. H. Jacobi und Heinse standen mit ihm
in naher Verbindung. Bei Carl Theodor waren freilich
schon zu der Zeit, als er noch als Churfürst von der Pfalz
das schöne Land am Rhein, die Pfalz und Berg allein
beherrschte, Jesuiten, Adel und Maitressen eben so mächtig
als späterhin, nachdem er auch Baiern geerbt hatte; aber
er hatte dort, sowohl in Mannheim als in Düsseldorf andere Rathgeber, als nachher in München. Sein Minister
von Hompesch und andere ihm ähnliche Männer suchten
nicht allein am Niederrhein gleichen Schritt mit der Zeit

zu halten, sondern Hompesch eilte ihr sogar in Finanz-
und Verwaltungssachen, wenn er freie Hand hatte, voraus.
Unter Hompesch war auch F. H. Jacobi einige Zeit
hindurch im Ministerium angestellt, um physiokratische
Ideen auszuführen. In Mannheim wurden Musik, Schau-
spiel, bildende Künste auf eine solche Weise befördert, daß
man wenigstens den guten Willen zeigte, deutsche dramatische Dichtung statt der französischen, auf die Bühne zu
bringen und selbst in der Oper dem Unsinn des italienischen
Getrillers, deutschen verständlichen und verständigen Gesang unterzuschieben. Zu dem Letzteren ward bekanntlich
auch Wieland aufgeboten. Ein Ruhm und ein Fortschritt
war es immer, daß, während in Heidelberg und in Düsseldorf Controversprediger tobten, in Mannheim Wieland's
beide deutsche Opern mit großem Aufwande gegeben wurden, Iffland als Schauspieler und Schauspieldichter die
neue Art zu denken und zu empfinden, dramatisirte und
darstellte, und später Schiller zuerst als genialer Kopf
erkannt ward, obgleich er anfangs als Kraftgenie auftrat
und seine ersten Producte etwas wüst und überschwänglich
waren.

In Erfurt hatte früher schon von Breidbach als
Statthalter des Churfürsten von Mainz aus einer obscuren
Universität eine glänzende und aus einem Aufenthaltsorte
der trägen und finstern Verfechter alter Mißbräuche einen
Zufluchtsort der kühnen Verkündiger des neuen Lichts zu
machen gestrebt. Die beiden Churfürsten, welche vor Carl
von Dalberg in Mainz regierten, so ungleich auch ihr

Charakter wie ihr Leben und Wandel war, suchten doch
ebenfalls beide den Ruhm der Theilnahme an dem in
Deutschland herrschenden Streben nach Verbesserung. Der
Coadjutor hatte in Erfurt seinen Sitz, und wenn auch seine
Phantasie, wie sein zur Liebe geneigtes Gemüth vielleicht
zu beweglich war, wenn auch sein Verstand hie und da zu
leicht irre geleitet werden konnte, so hatte er doch für alles
Große und Gute einen regen Sinn. Carl von Dalberg
stand als Coadjutor in Erfurt unter den Deutschen in
größerer Achtung als später zur Zeit Napoleons, wo man
mit Recht glaubte, daß seine Bewunderung der Geistes=
größe Napoleons zu weit gehe. In Erfurt hatte er den
Ruhm eines Mäcenas und des Musageten der Deutschen,
ward als edler und freisinniger Mann vergöttert, schloß
sich an den Theil der Illuminaten an, welche die katholische
Religion auf ihre ursprüngliche Reinheit zurückführen
wollte und selbst seine Mängel und Schwächen hatten nichts
Gemeines, sondern flossen aus einer Quelle mit seinen Tu=
genden. Uebrigens war unter den drei letzten Churfürsten,
welche alle drei mächtig dahin wirkten, daß in ihrem Staate
der Geist des Mittelalters verbannt und ein neuer und
belebender herrschend werde, der Erste, nämlich Emmerich
Joseph, der achtbarste und in jeder Rücksicht würdigste.

Emmerich Joseph hatte in den siebenziger Jahren,
als Basedow die Schulen, den Unterricht und die Lehr=
bücher des protestantischen Deutschlands reformiren wollte,
und als der Abt Felbinger das Volksschulwesen in den
österreichischen Staaten wesentlich verbesserte, auch seiner

Seits den regsten und edelsten Eifer bewiesen, den Jesuiten Schranken gesetzt und ihre mechanischen Religionsübungen, ihren ärgerlichen Bilder= und Ceremoniendienst durch bessern Unterricht zu entfernen gesucht. Sein Nachfolger Carl Friedrich Joseph (von Erthal) wollte die alte Universität Mainz zu neuem Glanze erheben, er vereinigte dort eine Anzahl berühmter, zum Theil protestantischer Professoren und nahm Johannes Müller erst zum Bibliothekar, dann zum Geheimschreiber. Er war freilich in moralischer und politischer Beziehung weit unter seinem Vorgänger, arbeitete aber für die Aufklärung seines Jahrhunderts wie dieser. Dies bewies er, als er sich so eifrig bemühte, durch die in Ems, in Verbindung mit den andern Erzbischöfen festgesetzten Punkte, den Anmaßungen der päpstlichen Curie Schranken zu setzen.

In Cöln hatte ebenfalls schon der vorletzte Churfürst durch Gründung der neuen Universität in Bonn einen Beweis seiner Theilnahme an dem in Dentschland neu erwachten Streben nach Wissenschaft und Bildung gegeben; sein Nachfolger suchte die neue Universität zu heben und auch sogar in das ewige Dunkel der Cölner Kirche schien wenigstens ein Lichtstrahl zu bringen.

Der Erzbischof von Trier zeichnete sich durch Duldung gegen die sonst von den geistlichen Regierungen verfolgten Protestanten aus; der Fürstbischof Franz Ludwig von Bamberg und Würzburg schützte aufgeklärte Mönche gegen ihre fanatischen oder tyrannischen Aebte, wie Schades Beispiel beweist.

Was Friedrich der Große gethan, ist bekannt! So,
kam es denn, daß sich um jene Zeit die bürgerlichen Verhältnisse allmählich besser gestalteten, Philosophie und Pä-
dagogik, Sprache und Literatur, Poesie und Musik, Bau-
kunst, Malerei und Sculptur, Rechtswissenschaft und Industrie sich hoben und verjüngten, und ein neuer schöner
Morgen für Deutschland anbrach!

Vor allen Dingen gilt dies für die deutsche Literatur.

Nachdem die lange Fehde zwischen Oesterreich und
Preußen endlich durch einen dauerhaften Frieden beschlossen
worden war, genoß Deutschland auf lange Zeit einer auch
für die Wissenschaften und Geistesbildung wohlthätigen
Ruhe. Zwar schien es einmal, als würde diese von neuem
unterbrochen werden, aber die Gefahr war vorübergehend,
und Deutschland blühte mächtig empor im Genuß des
Friedens und seiner Kraft, wenn gleich es der wahren Ursache seines damaligen glücklichen Zustandes sich nicht
überall deutlich bewußt war.

Die ersten Stifter der deutschen Literatur, gereinigter
Sprache und Dichtkunst, welche theils noch etwas vor
Klopstocks, theils unmittelbar nach ihm zu gleichen Zwecken
wirkten, hatten in einer viel ungünstigeren äußern Lage
die größten Hindernisse zu bekämpfen gehabt. Viele derselben hatten sie besiegt, ihre großen ewig ruhmwürdigen
Vorarbeiten hatten den Weg gebahnt, selbst ihre Mißgriffe
und Mängel konnten den mit Geist nachfolgenden zur Belehrung dienen, und als erste Stufe, eine höhere Vollkommenheit zu erreichen, dienen.

Nicht wundern darf es uns daher, wenn wir die zweite Generation deutscher Dichter und Schriftsteller, deren erste Entwicklung meistens in die siebziger Jahre fällt, sich mit größerer Kühnheit emporschwingen, und mit mehr Leichtigkeit bewegen sehen. Sie benutzten und ernteten, was die Ersten, die Stifter, gesäet hatten. Als Dichter bezeichnen diese Epoche Goethe, Stolberg, Voß, Bürger.

Um sich aber zu überzeugen, das jene Epoche eine der glücklichsten für den Aufschwung des deutschen Geistes, und wirklich reich war an genialer Kraft, darf man sich nur erinnern, daß Jakobi, Lavater, Herder, Johannes Müller, nach der Zeit ihrer ersten Entwicklung, und auch nach dem Charakter ihrer Schriften ganz dieser Epoche angehören; Männer, deren Ruhm zum Theil nicht auf Deutschland beschränkt, auch in dem übrigen Europa sich verbreitet hat.

Nicht nur bereichert wurde die Sprache durch das Genie dieser Schriftsteller, sondern in einzelnen Werken auch durchaus in fleckenloser Reinheit und schöner Vollkommenheit dargestellt. Die Poesie nahm jetzt eine ganz neue Richtung. Früherhin hatte sich dieselbe in zwei Partheien getheilt, nachdem man entweder Wieland oder Klopstock vorzüglich zum Vorbilde nahm. In den Gedichten der Einen floß alles über von Musen und Grazien, von Liebe und Rosen, Amorinen und Zephiren, Nymphen, Dryaden und Hamadryaden. Die andern suchten den Nachhall der alten Bardenlieder bald auf dem Eistanz

oder der Bärenjagd zwischen Felsen und Klippen zu ergreifen, oder sie wandelten mit Eloah unter Wolken auf sonnen-
besäeten Himmelsbahnen; und ließen sie sich je zur Erde
herab, so war es in Donner, Sturm und Ungewitter gleich
der Posaune des Weltgerichts. Zwischen diesen beiden Ex-
tremen einer einförmigen Erhabenheit, und jener allzu-
süßen, halb griechischen, halb modernen Zärtlichkeit in der
Mitte, strebten die neuen Dichter nach einer kräftigen Wirklichkeit und Natur. Sie suchten ihre Poesie unmittelbar
an die Gegenwart anzuknüpfen, als seien so einzelne, abge-
rissene aber kräftige Handzeichnungen recht nach dem Leben, dasjenige, wodurch auch die Dichtkunst am meisten
wirken, und was sie vorzüglich leisten solle. Den Homer
als einen großen Dichter der lebendigen Natur, suchten sie
alle sich besonders anzueignen; wetteiferten bald, ihn auch
in die deutsche Sprache zu übertragen. Oder sie erweckten
auch mancherlei Erinnerungen altdeutscher Geschichte,
Kunst und Gesangsweise.

Aber auch die deutsche Schaubühne trat in jener
schönen, geistig so bewegten Zeit in den Vordergrund, und
nahm — gleichzeitig mit dem Auftauchen der neuen deutschen Oper einen höchst erfreulichen Aufschwung.

Schwerlich kann ein Theater jemals gedeihen, wenn
nicht Literatur und Poesie, besonders die ernsteren Gat-
tungen derselben schon mannichfaltig angebaut, und eben
dadurch höhere Geistes- und Kunstbildung fest begründet
sind. Dazu war wohl ein glücklicher Anfang damals in
Deutschland gemacht, aber durchgeführt war der Entwurf

und allgemein verbreitet eine solche Denkart noch nicht.
Lessing's Kritik trug viel dazu bei, die allgemeine Auf=
merksamkeit auf die Bühne zu lenken. Aus den ungelenken
Ueberseßungen von Corneille und Voltaire gerieth man
jeßt in die Diderot'sche Gattung der moralischen Familien=
gemälde, und hielt lange Zeit selbst die Prosa für ein Er=
forderniß einer recht natürlichen Darstellung, damit um
so eher auch. die Sprache, von allen Banden befreit, dem
formlosen Inhalt entsprechen könnte. Doch das ging vor=
über; die Verehrung Shakespear's, zu welcher besonders
auch Lessing mitgewirkt hatte, blieb, und mit ihr ein
höherer Begriff von Natur in der Darstellung, als der in
den Familiengemälden nach Diderot's Art herrschende.

Aber auch die übrigen Künste gingen nicht leer aus.
Seit Winkelmann ward eine fast über alle Gegenstände
sich verbreitende künstlerische und ästhetische Ansicht immer
mehr, ja man kann sagen ausschließend herrschend. Nicht
bloß die natürliche Neigung des deutschen Geistes zur
Kunst und Poesie veranlaßte dieß, sondern auch die gänz=
liche Entfernung der meisten hier sich entwickelnden Talente
von einem öffentlichen Wirkungskreise mußte dazu beitragen.
Es blieb dem deutschen Geiste meistens nur die Wahl
zwischen den zwei Wegen der inneren von dem bürgerlichen
Leben mehr abgesonderten oder doch erst später wieder da=
hin zurückkehrenden Thätigkeit, der künstlerischen und der
philosophischen.

In der Philosophie thaten sich hervor Lessing, Her=
der, Sulzer, Mendelsohn, Kant, Jacobi, Fichte ꝛc.

Auch die Censur wurde nun, wie in Preußen unter
Friedrich dem Großen, so in Oesterreich unter Jo=
seph II. aufgehoben. Nur was die Sittlichkeit und die
Religion verletzte, blieb den Censoren zu unterdrücken er=
laubt: wogegen sich die Regierung bemühte, aus dem über
sie ergehenden Tadel Vortheil zu schöpfen. Ferner säuberte
Joseph II. auch in religiöser Beziehung. Er rückte hinter
die Mönche und Nonnen, und zog viele Klöster ein, deren
Einkünfte er jedoch, nach Versorgung der früheren Inhaber,
wohlthätigen und gemeinnützigen Instituten zuwandte.

So gründete er die Josephinische Akademie für Aerzte
und Wundärzte, bereicherte die kaiserliche Bibliothek und
errichtete und hob eine Menge Krankenhäuser und sonstige
wohlthätige Anstalten. Eine Masse anderer Klöster, deren
Bewohner dem Lande als Bettler zur Last lagen, wurden
gleichfalls cassirt. Im Allgemeinen rechnet man, daß der
Kaiser binnen 8 Jahren die Zahl der Mönche und Nonnen
in seinen Staaten um 30 bis 36,000 Personen, die dem
Lande eben so viel kosteten, als ein stehendes Heer von der=
selben Zahl, vermindert habe, und dennoch ließe er noch
1324 Klöster übrig, deren Bevölkerung man auf 27,000
Menschen rechnete.

Wer sollte bei all' diesen herrlichen Schöpfungen, die
der Hand des edlen Joseph II. entsprossten, kalt bleiben?
Auch seine Unterthanen blieben es nicht; sie liebten ihn als
einen Vater, sie ehrten ihn als des Landes Wohlthäter und
zwar so lange, bis der Haß der Finsterlinge sich durch

Verführung und Aufwiegelung des Volkes Luft
machte.

Und in der That wußte Joseph auch die Menschheit
und ihre Rechte, die so oft von der Gewalt in den Staub
getreten werden, zu schützen, wie er dies denn namentlich
durch die Aufhebung der Leibeigenschaft in seinen Staaten
und die Emancipation der Juden bewies. Aber das Edle
und Große übt auf edle Gemüther einen unwiderstehlichen
Einfluß. So konnte es denn auch nicht ausbleiben, daß der
Geist der Duldung, der von Joseph ausging, auch bei
seinen Zeitgenossen herrliche Blüthen trieb.

Darum war denn auch die Zeit, von der wir hier
sprechen und in der sich Mozart bewegte, eine so schöne
und interessante; — darum ist ein Rückblick auf sie für
jedes deutsche Herz so wohlthätig und erhebend.

Ein Frühstück.

~~~~~~

Von dem Landgute der Baronesse von Waldstetten zurückgekehrt, hatte sich Mozart sogleich an das Studium des Textes zu seiner neuen Oper gemacht. Sein unendlich lebhafter Geist ließ ihm keine Ruhe. Nicht nur das Buch wollte er sofort kennen lernen, — nein! in derselben Nacht noch mußte schon — wenn auch nur in den weitesten Umrissen — der musikalische Bau des Werkes in seinen Gedanken erstehen. Ohne dies wäre es ihm unmöglich gewesen weiter zu leben:.... an schlafen gar nicht zu denken!

Ach! diese ewige, nie zu bewältigende Unruhe, dieses leidenschaftliche Wesen, dieser fast fieberhafte, Andere oft beunruhigende Drang unaufhörlich zu schaffen.... das waren ja die Dämonen, die ihn schon damals, Unheil verkündend, umkreisten.

Alles ging rasch bei ihm! Er dachte rasch; — rasch

waren seine Gefühle angeregt und zitterten dann lange und
mächtig nach; — rasch flog das Blut durch seine Adern,
so daß sein Herz schon bei der leisesten geistigen Aufregung
laut pochte; — rasch war er beim Essen, rasch bei dem
Trinken, rasch im Sprechen und rasch im Rauchen. Rasch,
wie der Blitz kleidete er sich an. Selbst wenn er sich in
der Frühe die Hände wusch, ging er dabei im Zimmer auf
und ab, blieb nie ruhig stehen, schlug dabei eine Ferse an
die andere und componirte im Kopfe. Seine Hände und
seine Füße waren beständig in Bewegung, er spielte immer
mit etwas, z. B. mit seinem Hute, in seiner Tasche, mit
seinem Urbande, mit Tischen und Stühlen gleichsam Clavier.*) Aber rasch — ungeheuer rasch war er auch
im Arbeiten und Schaffen. Die Gedanken flossen,
die Feder flog, und so steigerte sich diese Leidenschaft der
Arbeiten oft bis zu einer Art Arbeitswuth. Sobald ein
Gedanke in ihm aufblitzte, erfaßte er ihn sogleich in allen
seinen Folgerungen und in seinem ganzen harmonischen Ge-
leite. Der Gesang, der Baß, die Mittelstimmen, Alles ertönte in seinem Kopfe, zuerst verwirrt, dann mit zuneh-
mender Genauigkeit, je mehr die Seele Ohr wurde. Alles
enstand zu gleicher Zeit, combinirte und entwickelte sich
ohne Verwirrung, ordnete sich nach den Regeln der Mo-
dulation und des Contrapunktes, und theilte sich zwischen
den Gesangs- und Orchesterstimmen, wie vermöge einer

---

*) Oulibischeff II. Thl. S. 331.

ästhetischen Nothwendigkeit, eines außerordentlichen In-
stinctes, der sich aber nie über das Schöne täuschte.*)

Welch ein Genuß dann, wenn das im Geiste — wie in
einer Ahnung — geschaute Werk zum erstenmale in Gedanken vor ihm stand! . . . . Aber auch . . . . welches Fibri-
ren der Nerven, welches Arbeiten der Gedanken, welche
rasche Consumation der stofflichen Theile! Mußte da nicht
jedesmal auf die Exaltation des Schaffens eine Abspannung
folgen, die Zerstreuung und physischen Genuß zu einem gebieterischen Bedürfnisse machte, und lag es nicht nahe, daß,
bei so gereizten Nerven, eine Exaltation zu der anderen
führte?

> „Er wendete die Blüthe höchsten Strebens,
> Das Leben selbst, an dieses Bild des Lebens.“

Aber noch war Spannkraft genug vorhanden, und die
tödtlichen Folgen dieses geistigen Vampyrismus — der
sich das eigene Herzblut aussaugt — zu überwinden, und
außerdem . . . . wer kann sich anders machen, als er ist?
Nur so war Mozart . . . . Mozart; — anders, wäre er
eben ein Anderer gewesen.

Nur unter den gegebenen Verhältnissen, konnte diese
großartige Erscheinung, das Großartige hervorrufen, was
sie schuf.

„Ich schrieb mit dem Blute meines Herzens und dem

---

*) Mozart's eigenes Geständniß in einem Briefe, den die Leip-
ziger musikalische Zeitung vor vielen Jahren veröffentlicht hat.
O. II. S. 332.

Safte meiner Nerven!" ist das Epitaphium aller großen Männer.

Die Kerzen waren vollständig herabgebrannt und der Morgen schaute mit fahlem Antlitz durch die Fenster, als Wolfgang Amadeus mit der Durchsicht des Textes der „Entführung aus dem Serail" fertig war.

Vieles hatte ihm darin gefallen, ... sehr gut gefallen .... Anderes auch nicht. Der Hauptgedanke electrisirte ihn sogar — zumal er eine Aehnlichkeit zwischen seinem Liebesverhältniß und dem Belmontes und Constanzens in der Oper fand. Aber immerhin sah er voraus, daß Vieles geändert werden müsse. Hie und da war er auch zwischen dem Lesen aufgesprungen und an das Clavier geeilt und hatte Akkorde gegriffen, oder gleich eine Melodie gespielt, die bei dem Lesen sein Gehirn wie ein Blitz durchzuckte. Jetzt schlug er das Buch zu und rief: „Bei Gott! da soll etwas Kostbares daraus werden; aber ich muß sogleich Bretzner und Stephani sprechen, damit die mir auf der Stelle Einiges ändern!"

Aber das „sogleich" ging doch wohl nicht; denn als Mozart auf die Uhr sah, war es vier Uhr Morgens.

„Es ist noch zu frühe!" — sagte er daher, blies die bis in die Leuchter gebrannten Lichter aus und warf sich in den Kleidern auf sein Bett. Er war übrigens zu erschöpft, um nicht bald einschlafen zu sollen; aber der Schlaf war nicht erquickend: Notenköpfe in unzähliger Menge tanzten vor seiner Seele, — Melodien rauschten und durch dies Alles zog das Bild seiner angebeteten Constanze;

aber es hatte heute nichts Beruhigendes, nichts Beschwich=
tigendes, ... immer war gleich Osmin's komisch=zorniges
Antlitz hinter ihr.

Amadeus war daher froh, als er bald wieder erwachte.
Die zwei Stunden Schlafes waren ihm genug. Angezogen
war er noch, also sprang er gleich vom Bette auf, eilte an
den Tisch und schrieb an Bretzner folgende Zeilen:

„Mon chèr ami!

Ich habe gestern vom Kaiser Ihr Textbuch: „Die Ent=
führung aus dem Serail" erhalten; das wo und wie
thut nichts zur Sache, heute Nacht las ich es und bin ent=
zückt davon, — obgleich mich der Teufel holen soll, wenn
Sie das Libreto nicht auf mich und meine liebe Constanze
geschrieben haben. Ich gestehe Ihnen auch, daß ich vor
Begierde zittere die Composition zu beginnen und dabei
sollen mir Ihr Kniff und Schalk=Amor die beste Hülfe
leisten. Aber geändert muß doch manches werden — auf
Erden! — Darum ersuche ich Sie, theilen Sie diese Zei=
len Stephani mit, — bitt! —, und kommen Beide gegen
zehn Uhr in's „Würstl" — Fürstel! Ich werde dort ein
ganz feines Frühstück — welch' Glück!! — auf meine
Rechnung bestellen — nach der Ellen! — und dann wollen
wir bei Champagnerwein — wie fein! ändern und —
kreuzfidel sein!"

Ihr Wolfgang Amadeus.

Wolfgang, der häufig ganze Briefe in dieser Art schrieb,*) wenn er bei heiterer Laune war, siegelte das Blatt und gab es dann seinem Laufburschen zum besorgen. Auch die Frühstücksbestellung an den Wirth zum „Würstl" wurde beigefügt. Er aber hatte selbst zuvor noch einen anderen wichtigen Gang zu machen und das war . . . . . zu seiner Constanze.

In Wien trugen um jene Zeit fast alle Häuser noch besondere Namen; so hieß denn das Haus, in welchem Constanze mit ihrer Familie wohnte „zum Auge Gottes." Hierhin also richtete Amadeus jetzt seine Schritte.

Da es noch früh und er in sehr guter Laune war, hoffte er die Geliebte im Negligé zu überraschen, um sie dann wacker necken zu können; aber er hatte sich getäuscht. Constanze immer flink und die Seele der Haushaltung, eilte ihm, — von seinem frühen Besuche freudig berührt — im Hauskleide entgegen. Aber wie reizend und nett stand ihr dies einfache, nach damaliger Mode knappanliegende Kleid. Wie schön ließ es die entzückenden Formen dieses in der vollsten Frische der Jugend aufblühenden Mädchenkörpers ahnen. Und doch wie sittsam verhüllte wieder das feine Busentuch mit der leichten Batistkrause Brust und Hals. Um das schöne Köpfchen aber mit den so freundlich und treu blickenden Augen, den rosigen Wangen, der feinen Nase und dem kussigen Munde, wallte das reiche Haar kunst-

---

*) Siehe z. B. die höchst drolligen Briefe an sein Bäschen. Jahn: II. Thl. S. 499 u. f. Beilage Nr. XI.

los und doch zierlich in zahllosen natürlichen Locken. *)
Constanze war wirklich das Bild der holdesten Jung=
fräulichkeit, — das Bild einer im Aufbrechen begriffenen
Rosenknospe.

Beide begrüßten sich herzlich; Constanze aber frug
in ihrer kindlichen Weise:

„Und woher so früh? Hast mich wohl prüfen wollen,
ob ich früh aufstehe?

„So etwas!" — sagte Mozart.

„Nun denn, so bekenne beschämt, daß ich eine gute
Haushälterin und zeitig bei der Hand bin."

„Wie gerne gestehe ich dir dies zu!" — rief Amadeus,
sie an sich ziehend und einen Kuß auf ihre Stirne drückend.—
„Und wie will ich dich erst für diese Tugend belohnen,
wenn du mein liebes Weibchen bist."

„Ach! — seufzte hier das Mädchen — „wer weiß ob
es je dazu kömmt, Die Mutter . . . . ."

„Nun?"

„Ist wieder entschiedener gegen unsere Heirath denn je!"

„Und warum denn?"

„Weil böse Menschen ihr wieder Schlimmes von dir
erzählt haben."

„Mein Gott! was soll ich denn wieder vollbracht haben?"

„Ich weiß es nicht aber so viel ist gewiß, daß du viele
Feinde hier hast."

_____

*) Siehe Constanzens Bild in Nissens Werk.

„Wer, der etwas ist und etwas leisten kann, hat die nicht?"

„Aber, du bist zum Theil selbst daran Schuld, Wolfgang!"

Mozart sah hier seine Constanze erstaunt an. Dann sagte er, fast in schmerzlichem Tone:

„Wäre es möglich, daß auch du den Verläumdungen Glauben schenkst? — daß auch du mich für einen leichtsinnigen Verschwender hältst, weil ich hie und da, nach großen Anspannungen, einmal fröhlich mit Fröhlichen bin?"

„Wie kannst du das glauben?" — entgegnete die Geliebte, eine Thräne im Auge. — „Kenne ich meinen Wolfgang nicht besser? Ich weiß, daß ein so genialer und schöpferischer Mensch, wie du, seine eigenen Wege gehen muß, und nicht wie die Philister leben kann. Ich weiß ferner, wie groß und edel mein Wolfgang denkt, und wie ihn bei aller Laune, bei allem Scherz, bei aller Heiterkeit ein ihm angeborenes, tief in seinem Innern ruhendes edles Wesen über alles Unschöne und Unfeine hinaushebt. Aber es ist etwas anderes, was ihm fehlt?"

„Und das wäre?"

„Eine gewisse Weltklugheit."

Mozart lächelte; dann rief er heiter: „Mit eurer Klugheit, ihr klugen Leute! Ist es so unrecht, daß ich mich gebe, wie ich bin. Ich glaube darin liegt der beste Beweis, daß ich eben nichts Böses thue; denn nur wer Unrecht thut, hat nöthig sich zu verstellen.

„Du verstehst mich immer noch nicht!" — sagte hier

kopfschüttelnd Constanze, und winkte ihm, sich zu ihr zu setzen. — „Gott soll mich bewahren, dein ehrliches, offenes und gerades Wesen zu tadeln, lieber Wolfgang; diese Tugenden schätze ich ja gerade so hoch an dir. Nein! wenn ich von Weltklugheit sprach, so meinte ich, du solltest in deinem Urtheil, in deiner Kritik über andere Künstler, namentlich über die vielen italienischen Sänger und Componisten hier etwas vorsichtiger sein."

„Und war ich denn unvorsichtig?"

„Ja! du meinst es nicht schlimm, aber von dem künstlerischen Höhepunkte aus, auf dem du stehst, und vermöge deinem musikalischen Scharfblick und feinen Gefühle, vermagst du, bei deiner Offenheit, über Schlechtes oder Untergeordnetes nicht zu schweigen, und dadurch, mein Lieber, hast du dir in Wien schon ungemein viele Feinde gemacht."

„Ei, ei!" — rief Amadeus lachend. — „meine kleine charmante, zukünftige Frau, das klingt ja fast wie eine erste Gardinenpredigt."

„Nicht doch!" — sagte die Liebliche erröthend. — „Es ist nur eine Warnung aus treuem Herzen."

„Dem aber jemand anderes soufflirt hat."

„Ich gestehe es, ja! Wie sollte ich auch, die ich fast nicht aus dem Haus komme, etwas von solchen Dingen wissen."

„Kannst Du auch besser aufgehoben sein, als im Auge Gottes?" — rief Mozart scherzend, indem er liebevoll seinen Arm um die neben ihm Sitzende schlang. — „Aber wer hat denn soufflirt?"

„Wer anders" — entgegnete das Mädchen — „als dein väterlicher Freund Duscheck. Er ist Künstler, wie du, kennt also das Getriebe am Theater und in der Künstlerwelt, — er liebt und schätzt Dich — — und weiß, wie es in Wien geht!"

„Alles wahr; aber — er ist zu ängstlich!"

„Vorzüglich warnt er dich vor Salieri!"

„Warum nicht gar, das ist mein bester Freund."

„Duscheck glaubt es nicht. Er sagt: du möchtest nicht vergessen, daß er Italiener sei."

„Als ob alle Italiener Schurken wären."

„Das nicht; aber sie fürchten dich, deine Compositionen und die nationale Richtung die du nimmst."

„Die wird freilich ihrem Geklingel ein Ende machen."

„Und sie damit um Brod und Stellung bringen! Glaubst du wohl, daß sie das ruhig ansehen werden."

„Und was wollen sie machen? Alle tüchtigen Musiker hier sind meine Freunde, ja meine glühenden Verehrer: Gluck, Haydn, Duscheck, Kucharz, Praupner, Kozeluch, die beiden Loschek, Maschek, Rösler, Witasjek, Tomaschek und wie sie alle heißen. Frage diese und sie werden dir alle zugestehen, — daß ich — wenn ich das Schlechte table — gewiß auch das Gute, wo ich es finde, freudig anerkenne, lobe und schätze."

„Das weiß ich ja!" — fuhr Constanze eifrig fort. — „Die Tüchtigen hast du auch weniger zu fürchten, als die Untüchtigen. Dem sei aber, wie es will; du frugst eben:

wie dir diese Menschen schaden können? Ei siehst du es denn nicht?"

„Und wie?"

„Sie können dir allerdings weder als Componist noch als Clavierspieler beikommen, da überstrahlst du sie himmelweit und das Wiener Publikum ist weder blind noch taub. Aber sie fangen es weit hinterlistiger an: sie untergraben deinen Ruf als Mensch, — sie verläumden dich und nennen dich einen Verschwender, einen leichtsinnigen Menschen! O, lieber Wolfgang, mißverstehe mich nicht! Ich habe dir schon gesagt, daß ich dich zu beurtheilen verstehe, und dich liebe und schätze, so wie du bist. Aber meiner guten Mutter haben sie schon so viel in den Kopf gesetzt, daß sie erst gestern wieder heilig gelobte, ihre Einwilligung zu unserer Heirath nicht zu geben. Und wenn sie nun auch noch bis zum Kaiser durchbringen...."

„Dann, mein Engel!" — rief Amadeus freudestrahlend — „werden sie durchfallen!"

„Und bist du dessen so gewiß!"

„So gewiß, als du in ganz kurzer Zeit mein liebes, herziges Weibchen bist."

„Dann steht deine Hoffnung auf schwachen Füßen!"

„Meinst du?" — rief jetzt Mozart geheimnißvoll lächelnd — „wenn ich dir nun sage, daß mir der Kaiser gestern erst in hocheigener Person den schlagendsten Beweis seiner Gunst und seines Vertrauens gegeben hat?!"

„Wäre es möglich!" — rief Constanze freudig überrascht — „und wie und wo?"

„Das wie und wo, Herzchen, ist Geheimniß; aber die Thatsache besteht darin: daß er eine deutsche Oper grün= den und mich ihr vorsetzen will."

„Alte Geschichte! Kaiser Joseph will gar viel des Guten, aber ....."

„Nur nicht meinen guten Kaiser geschmäht! Diesmal ist es Ernst. Die deutschen Sänger und Sängerinnen sind bereits engagirt und einem gewissen Wolfgang Ama= deus Mozart — einem Blitzkerl von Jungen — hat der Kaiser gestern den Auftrag ertheilt: eine deutsche Oper — — hörst du, Schätzchen, — — eine deutsche Oper für das neue zu gründende deutsche Theater zu schreiben."

„Amadeus!" — rief jetzt Constanze entzückt. — „Ist dem wirklich so?"

„Der Beweis liegt vor!" — entgegnete dieser freudig, indem er das Textbuch aus der Tasche nahm und es der Geliebten reichte: „Die Entführung aus dem Se= rail." Und weißt Du was das schönste dabei ist, wir beide spielen mit?"

„Wie so?" — frug Constanze überrascht.

„Nun schau nur hinein. Steht da nicht Belmonte? — das bin ich — und hier: Constanze, seine Geliebte? — das bist du. Und ganz unsere Situation: die Constanze der Oper eingeschlossen im Serail — mein süßes Con= stanzchen eingeschlossen im „Auge Gottes;" — dort ein Pascha, der sie zurückhält und hier eine, zwar gute aber in Vorurtheilen befangene, Mutter, sammt einem ditto

Vater. Und nun lies den Text dieser Arie des Belmonte:
„Klopft mein liebevolles Herz!...."

Und Mozart seine Constanze zärtlich an sich drückend,
sang die Arie — sie entstand mit diesem Momente — so
göttlich schön, daß er selbst begeistert aufsprang, ein Stück=
chen Notenpapier aus der Tasche zog und den musikalischen
Gedanken schnell hinwarf.

Ist die Musik die Sprache der Seele, athmete Mo=
zart's Innerstes in diesem Augenblicke die reinste, innigste,
zärtlichste Liebe. Beide waren überglücklich.

„Und nun," — rief Amadeus endlich — „hoffe ich
auch, werden Mutter und Vater nachgeben. Ich fühle es,
daß diese Oper etwas Treffliches wird. Die Liebe soll sie
mir dictiren und ihre süßen Melodien sollen die Herzen der
Eltern erschließen. Außerdem werde ich sicher Capellmei=
ster der deutschen Oper, die ich ja dem Kaiser zu errichten
helfen soll, und dann ist unsere Existenz gesichert und du
bist mein, — mein — Constanze, auf ewig!"

Und Amadeus umarmte die Geliebte auf's Neue, die
sich jetzt ebenfalls den schönsten Hoffnungen hingab; denn
was ihr Wolfgang eben mitgetheilt, konnte ihrem gegen=
seitigen Schicksale allerdings die gewünschte Richtung geben.

Die Mutter zu sprechen, war Wolfgang übrigens
jetzt nicht aufgelegt. Erst sollten Thatsachen für ihn auf=
treten, und dann war er bereit, den Sturm auf ihr Herz
noch einmal zu wagen. Auch zog es ihn im Augenblick zu
sehr zu Bretzner und Stephani. Er verabschiedete sich
daher von der Geliebten und eilte dann dem „Würstl" zu.

Dort angekommen fand er dreierlei: einmal die Freunde Bretzner und Stephani, die nie bei ähnlichen Gelegenheiten auf sich warten ließen; — dann einen wundervoll gedeckten Tisch mit drei Couverts und eben so viel Flaschen Champagner und endlich das allerliebste Kellnermädchen, mit dem er sich immer zu necken pflegte, und zwar um so mehr, als der Wirth zum „Würstl," ein alter garstiger Bursche, mit dickem, schwammigem Bauch und blau-rother Nase vor Eifersucht umkam, wenn Jemand der kleinen „Traudel" den Hof machte. „Traudel" aber konnte den lustigen, oft ausgelassenen Herrn Mozart — der häufig in das „Würstl" kam — sehr gut leiden. Der Wirth würde daher Herrn Mozart schon lange die Thüre gewiesen haben, wenn derselbe nicht ein so guter Kunde gewesen und namentlich durch seine Freigebigkeit, seine Herzensgüte und Heiterkeit immer eine große Gesellschaft angezogen hätte.

Mozart war also von dem, was er sah, sehr freudig überrascht. Flugs warf er den Hut von sich, und die hübsche Kellnerin umschlingend, rief er:

„Traudel, mein liebes Braut'l, wie hast du alles schön gemacht!" — und dabei gab er ihr einen derben Kuß auf die glühenden Wangen.

> „Doch!.... mit des Geschickes Mächten
> Ist kein ew'ger Bund zu flechten,
> Und das Unglück schreitet schnell!"

Leider war die Küche dicht an dem Zimmer, in welchem sich Mozart mit den Freunden befand, und da sich der Ton, welchen der Kuß auf Traudel's Wangen erzeugt, nach den Gesetzen des Schalles fortpflanzte, so traf er auch die Ohren des Herrn „Würstlmayer," wie die Gäste den Inhaber der Wirthschaft zum „Würstl" scherzweise nannten, obwohl er eigentlich Melzscheck hieß.

Würstlmayer war aber, wie schon erwähnt, ein zweiter Othello an Eifersucht, und so stürzte er denn in das Zimmer, ehe sich Traudel von Herrn Mozart losgemacht, was ihr übrigens auch gar nicht zu pressiren schien.

Aber nun hätte man des alten, rothnasigen, schwammbauchigen Würstlmayer's Wuth sehen sollen. Sein Gesicht glühte vor Zorn, seine Augen funkelten, und zwar um so ärger, je mehr die drei Gäste über sein köstliches Toben lachten.

„Alle Donner und alle Wetter!" — schrie er dabei, mit der Faust auf den Tisch schlagend, daß Gläser, Flaschen und Teller klirrten — „kann man denn gar kein ordentliches Mädchen mehr bei euch Herrn Leichtfüßen in der Wirthschaft halten. So ein verfluchter Musikus, wie der Monsieur Mozart, hat den wahren Teufel im Leib. O wenn ich nur könnte, wie ich wollte: gesotten, gebraten, gehängt und gestochen sollte er werden!!"

Mozart und die Freunde wollten vor Lachen ersticken: „Bravo! bravo!" — rief dabei der erstere — „Bretzner paßt auf, ein göttlicher Osmin!"

„Was!" — rief Würstlmayer jetzt noch wüthender — „was ist das wieder für ein Spitzname? An den Gal-

gen mit euch Allen! Melzschek heiß ich und nicht Würstl=
mayer und nicht Osmin!"

„Himmlisch!" — rief Mozart — „jetzt will er uns
auch noch, für den Champagner, den wir bei ihm trinken,
und für die schlechten Pasteten, mit denen er uns abfüttert,
an den Galgen bringen. Seht nur, seht, welch' blutdür=
stige Blicke er nach uns schießt. Mensch! wir sind doch
keine Kapaunen, die man so abschlachtet....."

„Ja, eben darum!"—rief der Wirth mit einem zorn=
funkelnden Blick auf Traudel, die die Schürze vor das
Gesicht drückte, als ob sie weine, hinter derselben aber weid=
lich lachte, — „eben darum möchte ich euch Allen den Hals
abschneiden."

„Immer besser!" — sagte jetzt Stephani, indem er
sich die Seiten hielt. — „Er träumt von Nichts als von
Pfahl und Galgen, Köpfen und Erwürgen."

„Natürlich!" — rief Mozart. — „Würstlmayer
ist die Hinrichtungen von den Hühnern, Tauben, Gänsen
und Enten gewöhnt, die der Barbar täglich würgt, schmorrt
und bratet. Er liebt die Hinrichtungen wie wir die Musik,
und als Kenner ist er in diesen Genüssen schwer zu befrie=
digen. Eine einzige Execution ist ihm zu elend! Er wünscht,
daß seine Gäste mit mehr Umständen und Rücksichten be=
handelt würden!"

„Ja! das wünsche ich!" — rief Würstlmayer und
schlug wiederholt auf den Tisch, während ihm die Augen
fast aus dem Kopfe traten: „Zuerst gespießt, dann erwürgt,

dann gehängt, dann geköpft, verbrannt und zu guter Letzt
in die Donau!"

„Holla, ho!" — jauchzte Mozart — „Stephani,
Bretzner Papier und Bleistift, schreibt, schreibt, ich bitt'
euch, das giebt eine gottvolle Arie für unseren Osmin.
Schreibt: „Erst geköpft und dann gehangen, dann gespießt
auf heißen Stangen, dann verbrannt und dann gebunden
und zuletzt getaucht, geschunden."

Und Mozart — sprang auf, stellte sich Würstlmayer mit vorgebogenem Leibe gegenüber, wie eine Hyäne,
die auf ihre Beute schießen will, riß die Augen weit auf,
wie sein Gegenmann, bewegte die Augen, als ob er ihm in
der vollsten Wuth den Hals zuschnüren wollte und sang
mit wundervoller Wahrheit komischen Zornes:

„Erst geköpft und dann gehangen, dann gespießt auf
heißen Stangen, dann verbrannt und dann gebunden, und
zuletzt getaucht, geschunden, geschunden, geschunden!"

Bretzner und Stephani jauchzten und riefen begeistert: „Bravo, Bravo!"

Traudel stand erschrocken, denn sie glaubte, Herr
Mozart wolle jetzt auch Ernst machen. Der Wirth aber,
der, als Böhme ein großer Musikfreund war und darum
Mozart — trotz seiner Eifersucht — doch im Ganzen
gern hatte, auch durch Wolfgangs vortreffliche Nach-
ahmung seiner Wuth, zu der Einsicht gekommen war, daß
er sich lächerlich mache — ergriff den klügsten Theil, schnitt
eine fürchterliche Grimasse und lachte mit.

Das Auffliegen eines Champagnerpfropfens und vier

volle, schäumende Gläser besiegelten den Frieden, den
Würstlmayer um so leichter mit Mozart schloß, als
dieser ihm jetzt erklärte, daß jener Kuß ja nur ein Scherz
gewesen und er selbst Bräutigam sei. Würstlmayer
mußte mit frühstücken, Trandel bedienen und so kam man
bald in eine unübertreffliche Laune. Man ging dabei den
Text durch, änderte hier, strich da, und als die vierte Flasche
Champagner zur Neige ging, riß Mozart dem Freunde
Stephani das Textbuch aus der Hand und rief:

„Donnerwetter, jetzt bin ich in der Laune, das Sauf=
Duett zu componiren. Der sauertöpfische Osmin und
der schlaue Pedrillo, jetzt Freunde, sitzen nach türkischer
Art am Boden. Sie schlürfen den Wohlgeruch des Götter=
trankes — der Alte zögert, ob Allah es sehen dürfe, —
aber — jetzt stürzt er den Wein hinunter — holla, das
schmeckt — noch eins — noch eins — und... und....

Und Mozart sang, sein Champagnerglas hoch schwin=
gend:

„Vivat Bachus, Bachus lebe, Bachus war ein braver
Mann!"

Aber freilich nur in seinen Ohren tönte dabei die
Janitscharen=Musik so lustig, hinreißend und betäubend,
wie sie dies Duett charakterisirt.

Die Schlange.

~~~~~~

Welche Zeit glücklichen Schaffens lag nun vor Mozart! Waren auch bei jenem heiteren Frühstück in seinem
genialen Kopfe einige köstliche musikalische Gedanken, wie
die Perlen des dabei fließenden Champagners, aufgetaucht,
die Hauptarbeit war für Mozart viel zu wichtig, als daß
er sie, wie spielend, in einem fortwährenden genialen Freu-
denrausche hingeworfen hätte. Im Gegentheile, Mozart
ging jetzt mit jenem heiligen Ernste an die Arbeit, der der
Aufgabe entsprach, einer nationalen Richtung in der Musik
Bahn zu brechen. Mozart schrieb für sein liebes deutsches
Vaterland, — und der Gedanke, Deutschlands Ehre in
musikalischer Beziehung — Italien gegenüber — zu retten,
begeisterte ihn; aber indem er schrieb, und in Belmonte
sich und in Constanze seine Constanze sah, führte die

innigste Liebe seine Feder, erfüllte die heißeste Sehnsucht, durch diese Tonschöpfung die Geliebte zu gewinnen, sein Herz. Mußte da nicht etwas Herrliches zu Stande kommen? und stand nicht auf der tüchtigen Lösung der vorliegenden Aufgabe Alles? Auf der einen Seite die Gunst Kaiser Joseph II. und durch diese hoffentlich eine, den Talenten des jungen Maestro's entsprechende, die Zukunft sichernde Anstellung? — auf der anderen Seite aber die Ueberwindung der Hindernisse, die sein Vater und Constanzens Mutter seiner Liebe entgegensetzten? Und so erfaßte Mozart die Sache denn mit der ganzen Energie, die ihm eigen war, wenn er etwas Großes schuf. Gerade jetzt sahen ihn, außer Bretzner und Stephani, — die er bei der weiteren Bearbeitung des Buches prächtig zu leiten wußte, — die Freunde sehr wenig. Fast nur mit van Swieten, der Baronesse Waldstetten und der Weber'schen Familie kam er noch zusammen und wenn er Abends an Constanzens Seite der reinsten Liebe heilige Gluth genährt, brachte er die Nächte in glücklichem Schaffen zu.

Sagen uns dies nicht noch heute die Schöpfungen jener stillen nächtlichen Stunden?

„Constanze, dich wieder zu sehen!" wie hätte Mozart dieser Arie Belmontes einen solchen Zauber einhauchen können, wenn dies: „Constanze, dich wieder zu sehen!" nicht seine ganze Seele in Wahrheit erfüllt hätte. Drückt hier nicht der, durch kurze Einschiebesätze unterbrochene Vocalgesang das Schlagen eines Herzens aus, das, von Hoffnung und Zweifel bewegt, ausruft: „O wie ängstlich, o wie feurig schlägt mein liebevolles Herz!" Und wie wundervoll wählte der große Meister für die Hoffnung das Majore, und das Minore für das Bangen. Belmonte fühlt sich gedrückt, eine schwere Dissonanz und ängstliche Figuren in Zweiunddreißigstel verrathen, wie beklemmt er ist.

Wenn er glaubt, einen Seufzer oder ein leichtes Geräusch zu hören, das er für die Schritte seiner Geliebten hält, so täuscht ihn die Instrumentalmusik durch betrügerisches Geflüster und murmelt gleich dem Espenlaube. Mozart läßt uns in dieser göttlichen Arie Tropfen für Tropfen das Entzücken empfinden, welches sein Herz am Vorabende seines Glückes erfüllte. Er erwartete; liegt darin nicht die ganze Leidenschaft der Liebe? Er verlangt Constanze von der ganzen Natur; und die Natur, die den Liebenden nur immer ein Bild zurückwirft und ihnen nur einen Namen zulispelt, antwortete ihm, wie die Oboe dem Rufe Belmontes, mit: Constanze! Constanze!

Wie innig mußte der Mann lieben, der diese beiden Sätze des Recitativ schreiben konnte! *)

Ach wenn nur nicht immer in dieser armen Welt der Liebe der Haß, dem Verdienste der Neid, der Freude das Unglück an der Seite stünde. Was Constanze, von Duschek aufmerksam gemacht, dem Geliebten über seine Feinde

---

*) On libiche ff. „Die Entführung aus dem Serail." II. Thl. Seite 443.

gesagt, war nur allzuwahr. Sie konnten dem „Künstler" und „Componisten" Mozart nicht beikommen, sie such= ten also dem „Menschen" Mozart wie und wo sie es vermochten den Boden unter den Füßen hinwegzuziehen. Die Schlange der Verläumdung kroch leise und vorsichtig im Staube; aber sie fand ihren Weg zu den Ohren des Volkes, zu dem Herzen der Mutter Constanzens, sogar nach Salzburg, in die bescheidene Wohnung des alten Vaters, ja selbst bis zu den Stufen des Thrones. — —

„Ich kann es nicht glauben!" — sagte Kaiser Joseph jetzt, indem er, die Hände auf den Rücken gelegt mit großen Schritten in seinem Arbeitszimmer auf und abging, und nur von Zeit zu Zeit vor einem sehr fein und sorgfältig gekleideten Manne stehen blieb, der in höchst devoter Stel= lung eine Ecke des Zimmers einnahm. — „Ich kann es nicht glauben, Salieri!"

„Nun, Majestät," — entgegnete der erste Capellmeister des kaiserlichen Hofes — „das freut mich unendlich; denn Mozart ist mein Freund, — ich bewundere ihn aufrich= tig und nichts könnte mich mehr schmerzen, als wenn er sich selbst durch sein Leben in den Augen eurer Majestät herabsetzte."

„Und er soll beständig in den Wirthshäusern herum= fahren?" — frug der Kaiser weiter.

Salieri schob, wie bedauernd, den Kopf zwischen die Achseln, und versetzte fast lispelnd —: „So sagt man we= nigstens allgemein!"

„Und die Nächte?" — fuhr der Kaiser gereizt fort. Salieri machte abermals eine verlegene Miene.

„Ich will Antwort haben!" — rief Joseph. Aber der Hofcapellmeister schien noch immer mit der Sprache nicht herausrücken zu wollen. — „Nun?" — wiederholte Joseph mit einem durchdringenden und gebieterischen Blicke.

„Majestät!" — sagte Salieri — „es giebt für einen Ehrenmann nichts peinlicheres, als gegen einen Collegen sprechen zu müssen. Jede ungünstige Aeußerung trägt dann den Schein des Neides und ist entwürdigend für den An= kläger. Daß ich hier kein Ankläger bin, wissen Majestät."

„Freilich! ich selbst habe Sie rufen lassen, um aus Ihrem Munde zu erfahren, was an den ungünstigen Ge= rüchten ist, die über Mozart circuliren. Sie sind, wie ich weiß, sein aufrichtiger Freund; ich darf also auch von Ihnen Wahrheit, ja Schonung erwarten; und die möchte ich, so weit es möglich ist. Außerdem stehen Sie, als Glucks erster Schüler, als ausgezeichneter und allgemein anerkannter Musiker und Componist, so wie als kaiserlicher Hof=Capellmeister so ehrenhaft und fest in der Welt, daß kleinlicher Neid einen Salieri nicht leiten kann. Habe ich auch Mozart, — dessen herrliches Talent ich wirklich schätze — beauftragt, eine neue Oper für das zu errichtende deutsche Theater zu schreiben, so hat dies nicht den min= desten Einfluß auf Sie. Sie bleiben, was Sie sind, und in dem großen Wien kann ganz gut neben der italieni= schen auch eine deutsche Oper bestehen. Sie sehen also, ich

bin weit davon entfernt, eine nachtheilige Aeußerung über
Ihren Collegen bei Ihnen falsch zu beurtheilen, nur Wahr=
heit will ich, da ich mich für den jungen Mozart inter=
essire. Sagen Sie mir also; ist er wirklich ein Ver=
schwender?"

„Majestät befehlen," — seufzte Salieri — „so muß
ich wohl gehorchen, so schwer es mir fällt."

„Nun?"

„Ja, er soll in der That ein Verschwender sein und bis
über den Kopf in Schulden stecken."

Der Kaiser blieb stehen und obgleich der Hof=Capell=
meister den Kopf gesenkt hatte, als ob ihn dies Bekenntniß
schmerze und niederdrücke, gewahrte er doch vermöge eines
von unten aufschielenden Blickes, daß, namentlich die letzte
Bemerkung auf den sehr ordnungsliebenden und sparsamen
Herrscher den erwarteten Eindruck gemacht hatte. Eine
dunkle Wolke lagerte auf seiner Stirne.

„Verschwendung" — sagte er dann, und die Falten
auf seiner Stirne wurden immer finsterer, — „es ist ein
böses Laster. Sie entspringt aus einer sinnlichen Be=
schränktheit auf die Gegenwart, gegen welche die noch in
bloßen Gedanken bestehende Zukunft keine Macht erlangen
kann, und beruht auf dem Wahne einer ungebildeten und
übertriebenen Schätzung sinnlicher Genüsse. Daher sind
künftiger Mangel und Elend der Preis, um welche der
Verschwender diese leeren flüchtigen und imaginären Ge=
nüsse erkauft. Aber deßhalb muß man ihn auch fliehen,
wie einen Verpesteten, und, nachdem man sein Laster ent=

deckt hat, bei Zeiten mit ihm brechen: damit man nicht, wenn späterhin die Folgen eintreten, sie mit zu tragen hat."

Joseph II. war bei diesen sehr determinirt ausgesprochenen Worten wieder in großen Schritten im Zimmer auf und abgegangen. Als er jetzt schwieg, hub Salieri fast bittend an:

„Darf ich Majestät um eine Gnade ersuchen?"

„Und die bestünde?"

„In einiger Nachsicht mit meinem Freunde. Er ist ein junger Mann, — genial, wie man zu sagen pflegt . . . . ."

„St! Salieri!" — fiel hier Joseph ein — „die alte Entschuldigung oder vielmehr Verwechselung. Man kann genial sein, und doch kein Verschwender!"

„Aber Jugend, hat keine Tugend."

„Mozart ist nicht mehr so jung, um nicht verständig sein zu können!" — fuhr der Kaiser fort. — „Er kann wissen, daß Sparsamkeit den Ueberfluß in ihrem Gefolge hat. Geht sie doch von dem richtigen Grundsatze aus, daß alle sinnlichen Genüsse blos negativ wirken und daher eine aus ihnen zusammengesetzte Glückseligkeit eine Chimäre ist; daß hingegen Unglück, Sorgen und Schmerzen positiv und sehr real sind. Daher versagt sich der Vernünftige jene, um sich vor diesen desto besser zu sichern."

„Freilich" — versetzte Salieri mit bedenklicher Miene — „wer kann denn sagen, was einem begegnet, und hat man dann keine Vorsorge getroffen, fällt man dem Staate zur Last."

„Und der hat der Verschwender und Taugenichtse nur zu viele zu füttern!" — sagte bitter der Kaiser.

Ein feines triumphirendes Lächeln spielte bei diesen Worten um Salieris Mund. Der Kaiser bemerkte es nicht, da er in seinem Gange dem Capellmeister gerade den Rücken zukehrte; aber es wich in demselben Augenblicke wieder einer besorglichen Miene, in dem Joseph sich umdrehte.

„Ja!"—wiederholte der Herrscher—„wer kann sagen, wo die Vorsorge gegen Unfälle anfängt übertrieben zu werden?"

„Nur der" — entgegnete Salieri — „welcher wüßte, wo die Tücke des Schicksals ihr Ende erreicht."

„Und sogar" — fuhr der Kaiser fort — „wenn die finanzielle Vorsorge übertrieben wäre, würde dies nur nützen. Wird der Sparsame die Schätze, die er aufhäuft, nicht nöthig haben, nun, so kommen sie einst Anderen zu Gute. Doch!" — rief hier der Kaiser aus, indem er plötz= lich vor Salieri stehen blieb, — „verstehen Sie mich nicht falsch. Ich will damit den Geiz nicht entschuldigen. Er ist ein ebenso großes Laster, wie die Verschwendung. Wenn physische Genüsse den Menschen von der rechten Bahn ab= leiten, so trägt meistens seine sinnliche Natur die Schuld. Er wird eben von seinen leicht erregbaren Nerven hinge= rissen, vom Eindruck der Gegenwart überwältigt, wie dies wohl auch bei Mozart der Fall ist. Hingegen wenn der Mensch durch Körperschwäche oder Alter dahin gekommen ist, daß die Laster, die er nie verlassen konnte, endlich ihn

verlassen, indem seine Fähigkeit zu sinnlichen Genüssen er=
storben ist; da überlebt die geistige Gier oft die fleischliche.
Dann wird das Geld der dürre Stamm, an welchen er sich
klammert, Alle seine Leidenschaften concentriren sich in der
Liebe zum Mammon. Aus der flüchtigen, sinnlichen Be=
gierde ist überlegte und berechnende Gier nach Geld ge=
worden. Es ist die hartnäckige gleichsam sich selbst über=
lebende Liebe zu den Genüssen der Welt, die sublimirte und
vergeistigte Fleischeslust, der abstrakte Brennpunkt, in den
alle Genüsse zusammen geflossen sind. Nein, nein! ich
mag nicht die Verschwendung, aber ebenso wenig den Geiz.
Der rechte Weg liegt in der Mitte, und nur Derjenige, der
diesen festhält, kann mir und dem Staate dienen!"

Eine Pause trat ein, in welcher Joseph II. abermals
auf und abging. Salieri berührten nur die letzten Worte;
sie waren ihm genug, seine Maßregeln darnach zu nehmen.
Er war daher auch froh, als der Kaiser ihn jetzt entließ.

„Ich danke Ihnen" — sagte dieser dabei dem Hof=
Capellmeister — „für Ihre Aufrichtigkeit. Was wir ge=
sprochen, bleibt unter uns. Uebrigens will ich denn doch
noch immer das Beste von Mozart denken. Die Welt
übertreibt und die Jugend ist unbedacht. Können Sie
aber, als Freund, auf ihn günstig einwirken, so thun Sie
es. Weiß Gott! ich würde diesem hervorleuchtenden Ta=
lente und wirklich liebenswürdigen Menschen mein Wohl=
wollen sehr ungern entziehen, und doch müßte und würde
dies geschehen, wenn ich nicht bald Besseres von ihm hören
sollte. Sagen Sie ihm das und leben Sie wohl!"

Und mit diesen Worten neigte der Kaiser leise das Haupt und Salieri zog sich zurück.

Geschmeidig wie ein Aal, mit dem verbindlichen Lächeln eines Hofmannes um die Lippen, und nach allen Seiten devot grüßend, schlüpfte der Hof-Capellmeister nun durch die Vorzimmer, an den Ministern, Hofräthen und besternten Herrn vorüber, die hier der Stunde eines Conseil harrten. Sobald er aber diese höchste Sphäre hinter sich hatte, veränderte sich augenblicklich der ganze Mann. Der bis dahin geneigte Kopf erhob sich jetzt kühn, die gebogene Figur richtete sich hoch und strack empor, das verbindliche Lächeln verwandelte sich in einen stolzen Ernst, und die schwarzen feurigen Augen des Italieners funkelten triumphirend, während sich das Haupt nur hie und da herablassend ein wenig neigte, wenn ein Lakai, ein Beamter oder sonst ein gewöhnlicher Mensch ehrfurchtsvoll grüßend an ihm vorbeiging. Als Salieri aber die Straße erreicht, rieb er sich vergnügt die Hände und rief:

„Victoria! die Sache geht prächtig! Des Kaisers Vertrauen wankt; er, der nichts mehr haßt als Verschwendung, ist durch meine klugen Vorkehrungen von der leichtfertigen Lebensweise des verhaßten Todfeindes durch Andere unterrichtet; — ich, von ihm zu Rathe gezogen, habe ganz fein und diplomatisch, unter dem Scheine freundschaftlicher Besorgniß, die Aussagen zu entkräften gesucht, indem ich sie gerade bestätigte, und bin gut dafür, daß der, aller Klugheit fremde Thor in seiner genialen Unschuld und seinem ächt deutschen geraden Wesen, dafür sorgt, daß seine Majestät auf keinen anderen Gedanken kommt. Was aber das Schönste ist" — fuhr Salieri vergnügt fort — „der Kaiser zeichnet mir meine Rolle vor. Ich soll auf ihn einwirken! Nun ja, das erhält mir den Schein inniger Freundschaft, und hält ihn doch nicht ab in sein Verderben zu rennen, und verderben muß er, sonst sind wir Italiener verloren und um die Herrschaft gebracht!"

Und Salieri setzte — in tiefe Gedanken verloren — seinen Weg rasch fort. Wunderliche Gedanken gingen ihm im Kopfe herum. Sie mußten ernst, sehr ernst sein; denn oft zogen sich seine Augenbrauen so finster zusammen, funkelten seine Augen in solch' unheimlichem Lichte, daß ein feiner Beobachter sogleich erkannt hätte, daß der erbittertste Haß unter dieser Stirne arbeite.

Jetzt war das Haus erreicht, in dem Mozart wohnte. Der Capellmeister stieg die Treppen hinauf.... aber er blieb lauschend vor der Zimmerthüre des jungen Künstlers stehen. Mozart sprach — — er sprach mit sich selbst! — jetzt spielte und sang er eine Melodie....

„Herrlich! herrlich!" — flüsterte Salieri mit finsterer Stirne — „das muß gefallen — muß hinreißen .... und ..... uns verderben!"

Er lauschte weiter: „A-dur!" — sagte er dann leise — „Andante ⁶/₈ tel ..... prächtige Melodie!"

Die Musik unterbrach sich. Man hörte deutlich, wie Mozart einen Pack Noten neben hinwarf und einen anderen suchte. „So" — sagte jetzt die Stimme im Zimmer

— noch einmal Belmonte's Arie..... ich denke sie soll der im ersten Acte nicht nachstehen. Und er spielte und sang: „Ich baue ganz auf deine Stärke!"

Es war eine glänzende Musik! — — Wie viel Leiden= schaft und Glück sprachen sich in diesem Gesange aus, von dem alle Sätze zur Seele Salieri's drangen und deren verschiedenartige gewaltige Eindrücke sich gar wunderlich in den Zügen des Lauschenden wiederspiegelten. Jetzt strahlte das Auge des Musikers, in dessen Ohr die zauber= hafte Melodie einen unauslöschlichen Eindruck machte, und der durch die siegende Allgewalt der Töne selbst seinen tödtlichen Haß auf Augenblicke vergessen hatte, in Staunen und Entzücken. Aber wie ein Blitz zuckte dann der Haß wieder auf, die geballte Faust des Italieners machte eine wunderliche Bewegung, — fast als ob sie einen Dolch führe. Er schlug auf die Thürklinge und trat ein.

„Ha!" — rief Mozart heiter und mit strahlendem Auge — „Salieri! Das ist schön, lieber Capellmeister, daß Sie kommen, und mich armen Gefangenen auch ein= mal besuchen; denn Sie sehen, die edle Musika hat mir Hände und Füße gebunden!"

Und mit diesen Worten war Mozart von seinem In= strumente aufgesprungen und Salieri mit der aufrich= tigsten Herzlichkeit entgegen geeilt.

Salieri aber blieb an vertraulicher Freundlichkeit nicht zurück. Er drückte die dargereichten Hände auf das Innigste und sagte:

„Mein Herz, lieber Mozart, hat mich zu Ihnen ge=

zogen; ich hörte von ihrem angeſtrengten Arbeiten, und da
ich, wie Sie wiſſen, den innigſten Antheil an Ihnen nehme,
komme ich, Sie zu zanken und zu ſchelten.“

„Und warum?“ — frug jener helter.

„Weil Sie wieder die Nächte durchſchreiben.“

„Wer kann dem Geiſte gebieten? Lieber, vortrefflicher
Salieri, Sie, der Sie ſo groß als Muſiker daſtehen,
haben Sie jemals, wenn die Begeiſterung Sie erfaßte, nach
der Uhr geſehen?“

„Nein, gewiß nicht! Aber man muß doch ſeine Kräfte
nicht überſchätzen.“

„Welche Kraft zum Schaffen der Menſch in ſich trägt,
weiß er gar nicht, bis ein Anlaß ſie in Thätigkeit ſetzt. Es
iſt wie bei dem Waſſer eines Teiches. Wer ſieht es der
ſtillen Spiegelfläche an, mit welchem Toben und Brauſen
ihre Waſſer über die Felſen des Gebirges ſprangen, oder
wie hoch ſie ſich im glänzenden Strahle des Springbrunnen
zu erheben fähig iſt?“

Salieri lächelte.

„Nun“ — rief Mozart — „warum lächeln Sie?“

„Weil Sie ſich mit der Spiegelfläche eines ruhigen
See’s vergleichen! Das Bild eines ſchäumend dahinbrau=
ſenden Waldbaches wäre doch wohl treffender.“

„Nun ja,“ — meinte Mozart — „wie es eben kommt!
Jetzt bin ich ſeit Wochen zu Hauſe und ſchaffe wie ein
Rieſe. Die Oper iſt nahe vollendet.“

„Ich freue mich unausſprechlich darauf!“ — rief Sa=

lieri mit angenommener Begeisterung — „sie wird wun=
dervoll!"

„Wie können Sie das wissen?"

„Haben Sie mir nicht daraus vorgespielt und vorge=
sungen?"

„Ich? — wann?"

„Eben."

„Ich verstehe sie nicht!"

„Nun denn," — versetzte der Hof=Capellmeister lächelnd
— „als ich eben kam, sangen Sie eine entzückende Arie.
Gestehe ich es nur, ich war von ihrer Schönheit so hinge=
rissen, daß ich.... ein wenig lauschte."

„Und sie gefiel Ihnen?"

„Sie ist ein Meisterwerk!"

Mozart's Züge erstrahlten in Freude:

„Ich danke Ihnen für dieses Urtheil!" — sagte er
dann zu Salieri, indem er ihm die Hand drückte. —
„Sie sind ein Mann, den ich schätze und liebe, und — ich
sage es Ihnen offen — einer der Wenigen, auf deren Ur=
theil ich etwas gebe."

„Sie dürfen dies auch," — versetzte dieser — „da Sie
recht gut wissen, daß Sie keinen wärmeren Freund und
keinen aufrichtigeren Verehrer als mich haben. Wenn
Sie aber, wie Sie eben sagten, etwas auf mein Urtheil
geben, so nehmen Sie gewiß auch meinen wohlgemeinten
Rath freundlich auf."

„Gewiß!"

„Nun ....."

„Was drückt Sie?"

„Es ist eine difficile Sache."

„Nur heraus damit, lieber Salieri; ich liebe Offenheit und Geradheit."

„Nun denn" — sagte der Hof-Capellmeister und warf Mozart einen fast zärtlichen Blick zu. — „Ich komme vom Kaiser."

„Ich sehe es an dem Hofkleide; hat er Ihnen vielleicht einen Auftrag für mich gegeben?"

„Ja!"

„Ich bin ganz Ohr."

„Majestät befahl mir, Sie im tiefsten Vertrauen zu warnen."

„Vor was?"

„Vor den Verläumdungen Ihrer Feinde, die Sie der Majestät als einen leichtsinnigen Verschwender dargestellt haben."

„Erbärmlich!" — rief Mozart und eine tiefe Indignation gab sich in Ton und Mienen kund. — „So ist es also doch wahr, was man mir schon von anderer Seite sagte."

„Und was sagte man?" — frug Salieri mit kaum vorborgenem Schreck.

„Nun, daß meine Feinde, da sie mir als Musiker nicht beikommen können, so elend sind, meinen guten Namen zu untergraben."

„Und kennen Sie diese erbärmlichen Seelen?"

„Wie sollte ich sie kennen? Wer sich zu solchen Niederträchtigkeiten hergiebt, hüllt sich in Nacht und Dunkel."

„So rechnen Sie auf mich!" — rief Salieri mit dem Ausdruck innigster Theilnahme und reichte Mozart wie zum Pfande die Hand, die dieser auch treuherzig nahm und drückte. — „Ich werde suchen, die Elenden aufzufinden und zu entschleiern. Auch können Sie sich darauf verlassen, daß ich überall für Sie — meinen lieben und hochgeschätzten Freund — einstehen und Sie vertheidigen werde, wie ich dies heute bei seiner Majestät that."

„Und glaubte der Kaiser an die alberne Lüge?"

„Er war wenigstens dazu angeregt. Da er nun wußte, wie Sie, der aufgehende Stern eines neuen Tages, mir an das Herz gewachsen sind, ließ er mich kommen, um von mir zu erfahren, was an den Gerüchten Wahres sei. Jetzt ist er wieder versöhnt und gab mir nur den Wink: Sie zur Vorsicht zu mahnen und vor Ihren Feinden zu warnen."

Mozart war wieder ruhig geworden.

„Sie sind ein edler Mensch!" — sagte er jetzt zu Salieri. — „Nehmen Sie meinen Dank für so viel Liebe. Um die elenden Verläumder aber kümmere ich mich den Teufel. Ich schaffe mit Freuden, ja mit Seligkeit, und — ohne zu prahlen, darf ich es sagen — es wird etwas Schönes und Großes werden. Wenn ich dann aber mich unter Freunden erholen will, so soll mich ganz Wien daran nicht hindern."

„Und kann denn außerdem das Genie sich in die Fesseln der Alltäglichkeit zwängen?!" — rief Salieri, und es lag etwas wahrhaft satanisches in dem Blick seines dunkelen Auges.

12*

„Ich wenigstens werde es nicht!" — rief Mozart. — „Ich kann es auch nicht, denn es ist gegen meine Natur. Schaffen, wirken.... aber auch leben. Frisch und fröhlich muß der Becher des Lebens schäumen, damit auch der Geist frisch und thatkräftig bleibt. Das ist aber dann noch lange nicht Verschwendung und Leichtsinn, sondern jener glückliche leichte Sinn, der den Genius mit rosigen Flügeln über die dumpfe Scholle erhebt."

„So recht!" — sagte Salieri. — „So lieb' ich meinen Freund Mozart. Man muß sich von Dummköpfen und Tröpfen nicht beirren lassen. Nur etwas Vorsicht empfehle ich, sie kann nie schaden. A propos! wie sieht es mit dem „Würstl" aus, ich habe sie lange nicht dort gesehen."

„Ich wollte nicht gern von der Arbeit gehen."

„Und die arme Trandel sehnt sich bald zu Tode!"

„Narrenspossen!"

„Und soll das Eulenleben und Nachtarbeiten noch weiter gehen?"

„Nun" — rief Mozart lachend — „vielleicht komme ich heute Abend."

„Ich halte Sie beim Wort!" — entgegnete der Hof-Capellmeister — „aber nun muß ich gehen. Ich habe Probe."

Und er drückte Mozart noch einmal die Hand und verabschiedete sich.

„Eine treue Seele!" — sagte Mozart. — „Zwar ein Italiener, aber eine gute Haut."

Joseph Haydn.

~~~~~~~

Als Salieri die Treppe hinunter war, hatte Mozart schon die unangenehme Nachricht vergessen, die jener gebracht. Ein neuer musikalischer Gedanke schwebte vor seiner Seele, und so setzte er sich sofort wieder hin und schrieb und componirte auf's Neue. Eine Stunde nach der andern verging, er sah nicht von der Arbeit auf, er wußte nichts mehr von Zeit und Raum. Es schlug zwölf Uhr . . . . . Mozart hörte es nicht, er --- componirte! Es schlug ein Uhr, Mozart hatte keine Ahnung, daß es längst Zeit zum Mittagessen sei, er — componirte. Endlich, als es auf vier Uhr ging, ward es ihm doch schwach. Er hielt erstaunt inne, und jetzt erst fühlte er, daß ihn ein gewaltiger Hunger quäle. Aber noch ein Schlußsatz war auszuführen, und so verging noch eine halbe Stunde, bis er die Feder niederlegte.

„So!" — sagte Amadeus dabei mit innerer Genug=
thuung und Zufriedenheit, indem er aufstand und mit der
Hand über die Stirne fuhr, die ihn von der Anstrengung
schmerzte, — „das wäre für heute genug. Ich war fleißig,
und — wie ich denke — glücklich. Aber jetzt auch kein
Gedanke mehr an die Arbeit — jetzt geschehe dem Körper
sein Recht, ich habe einen so verzweifelten Hunger, daß es
mir ganz schlecht ist."

Und er machte Anstalt, sich zum Ausgehen anzukleiden.
Plötzlich indessen hielt er inne: die Thurmuhr schlug; er
zählte: eins, zwei, drei, vier!

„Alle Wetter!" — rief er dann — „ist's möglich?
Vier Uhr? Da ist's freilich kein Wunder, wenn's mir im
Magen knurrt. Aber wohin jetzt? In's „Würstl" ist's
noch zu früh, da kommen die Freunde den Abend erst, und
sonst? . . . ."

Mozart überlegte einen Augenblick, dann war sein
Entschluß gefaßt. Er ging nach dem Wandschrank, der
seine Vorrathskammer vorstellte, und hielt Revision. Aber
er mußte selbst über seine Junggesellenwirthschaft lachen.
Etwas Brod und eine halbe Wurst bildeten den ganzen
Inhalt des Schrankes; einige leere Flaschen ausgenommen,
die ihn aber ebenso trübe anblickten, als er sie.

„Schlimme Aussichten!" — sagte er dann, das Wenige
hervornehmend und auf den Tisch stellend, auf dem vor
lauter Notenblättern kein Plätzchen mehr frei war. —
„Bei Gott! ich muß heirathen, sonst kommt nie Ordnung
in mein Leben."

Und mit dieser Erneuerung seines Entschlusses sich niedersetzend, fing er an, das Wenige, was er vorgefunden zu verzehren. Aber während des Essens fielen seine Blicke, wie ganz natürlich, auf die rings um ihn herumliegenden Noten. Kauend brummt er jetzt die angeschaute Melodie. Dann hält er plötzlich inne: — die Augen blitzen — eine neue Melodie schwebt ihm vor, — sinnend und Alles um sich her vergessend legt er sein Brod nieder und — — die Feder ergreifend — fängt das Schreiben von Neuem an.

Wie das geht! — wie die Noten auf das Papier regnen, — wie die Feder fliegt, — die Augen leuchten, die Winkel des Mundes zucken; — wie die Stirne, von Begeisterung strahlend, sich bald in ernste Falten legt, bald in freudiger Erregung sich aufheitert. Da wirft er zum zweitenmale die Feder weg und springt mit einem „Victoria!" auf: Das himmlische: „Mit dem Geliebten sterben" — liegt vollendet vor ihm.

Aber jetzt war Wolfgang auch so erschöpft, daß er wirklich der Erholung bedurfte. Rasch — als fürchte er, der Componir-Dämon erfasse ihn noch einmal — schlüpfte er in seinen Rock, nahm den ziemlich abgetragenen Hut, der eben nicht von den besten Finanzen Kunde gab und eilte von dannen. Wohin wußte er vor der Hand selbst nicht, bis ihm zufällig einfiel, daß er Freund Haydn lange nicht gesehen. Dahin also richtete er jetzt seine Schritte. Ach! er wußte nicht, welche trübe Wolke eben wieder den Lebenshimmel dieses vielgeprüften Mannes verdunkelte.

Joseph Haydn, der fürstlich esterhazy'sche Capell-

meister, saß um jene Zeit in seinem höchst einfachen und
schlicht eingerichteten Zimmer in trüber Stimmung vor
seinem Arbeitstische. Ein Schreiben des Fürsten, das
soeben der von Erregung zitternden Hand entfallen war,
lag eröffnet vor ihm.

Es mußte bösen Inhalts sein, denn Thränen glänzten
in des Mannes Augen, und während sich über seine milden
Züge ein tiefer Kummer gelagert, hatten sich die Hände
wie zum Gebete gefaltet.

Aber der Brief des Fürsten Esterhazy kündete Joseph Haydn auch einen schweren Schlag. Der Brief
lautete:

Lieber Capellmeister!

Wenn es mir jemals schwer geworden ist, die Feder
zu ergreifen, um Jemanden etwas Unangenehmes mitzu-
theilen, so ist dies heute und bei diesen Zeilen der Fall.

Sie selbst wissen, wie sehr ich Sie schätze, wie aufrichtig
ich die großen Verdienste anerkenne, die Sie sich seit vielen
Jahren in meinen Diensten als Dirigent meiner Capelle
erworben haben. Es ist natürlich, daß Ihnen gerade dadurch diese Stelle doppelt lieb geworden ist, und dennoch
sehe ich mich genöthigt, Ihnen dieselbe zu rauben. Wichtige
und in mein Familienleben tief eingreifende Verhältnisse
zwingen mich nämlich, meine ganze Capelle demnächst zu
entlassen. In vier Wochen haben wir das letzte große Concert in meinem Palais. Es versteht sich von selbst, mein
lieber Haydn, daß Sie Ihren Gehalt ungeschmälert weiter

beziehen, bis sich für Sie eine andere passende Stellung
gefunden hat, auch werde ich Sie stets als einen Freund
des Hauses mit Freuden in meinen Salons sehen.

Rechnen Sie vorkommenden Falls auf die Verwendung
meines Einflusses und bleibe ich Ihr

wohl affectionirter

Esterhazy.

In so wohlwollenden Ausdrücken nun auch dies Schreiben abgefaßt war, so sehr es mit wahrhaft fürstlicher Muni-
ficence Haydns Existenz sicherte, — es mußte diesen, der
nun schon über zwanzig Jahre der fürstlichen Capelle vorgestanden und sie zu einer der ersten der
Welt herausgebildet hatte, dennoch wie ein Dolch-
stoß treffen. War er doch durch diese lange Thätigkeit mit
seiner Stelle und ihren Functionen wie verwachsen. Für
sie hatte er so viel geschrieben, durch sie seine Compositionen so herrlich ausgeführt. Die Capelle, die er dirigirte,
war bis dahin der Stolz des Fürsten, der Stolz Wiens,
sein Stolz gewesen. Er lebte und webte nur in ihr....
und nun sollte diese Capelle sich auflösen.... diese schöne
Wirksamkeit ihr Ende finden!

Freilich kam dieses Ereigniß nicht unerwartet. Die
großen Kosten, die sie verursachte, hatten — bei dem allgemein seit Joseph II. Regierungsantritt in Folge der
Nacheiferung platzgreifenden Sparsysteme — schon öfters
den Fürsten mit Haydn von ihrer Auflösung sprechen lassen,
aber immer war es dann der Beredsamkeit des Capell-

meisters gelungen, den edeln und zu einer nobeln Freigebig=
keit stets bereiten Fürsten wieder auf andere Gedanken zu
bringen. Was Esterhazy in seinem Briefe von „tief ein=
greifenden Familienverhältnissen" sagte, war, wie Haydn
recht gut wußte, nicht so wichtig. Denn hatten den Fürsten
auch, durch ungeheure Verschwendungen nächster Familien=
glieder, enorme Verluste getroffen, so war sein Vermögen
doch so kolossal, daß diese Ausfälle leicht verschmerzt werden
konnten. Aber Kaiser Joseph schränkte seinen eigenen
und den Staatshaushalt so bedeutend ein, und sah so sehr
darauf, daß auch der hohe Adel diesem Beispiel folge! —
Was war da zu thun? — Fürst Esterhazy wollte seinem
Herrn und Kaiser keine Veranlassung zum Mißfallen geben,
und so beschloß er denn nach langen Kämpfen mit seinem Ehr=
geize, aber auch mit seiner aufrichtigen Liebe und Verehrung
für die Musik, was wir bereits wissen.

Haydn war dadurch im Tiefsten erschüttert; nicht als
ob er für sein ferneres Fortkommen auch nur eine Minute
gebangt hätte; — dies war ja gesichert durch das Wohl=
wollen des Fürsten und noch weit mehr durch Haydn's
großes Talent; . . . . aber es kam ihm, aus den schon oben
angeführten Gründen, im Augenblicke vor, als sei mit der
Auflösung seiner, ihm an's Herz gewachsenen Capelle,
alles Lebensglück dahin.

Bald aber ward Haydn's gottergebenes Gemüth
Herr der inneren Erregung. Hatte er sich doch in seinem
prüfungsreichen Leben gewöhnt, mit stiller Demuth die
Fügungen des Himmels hinzunehmen, und gar viele dieser

Prüfungen — dies erinnerte er sich auch jetzt mit kindlichem Danke — waren ja zu seinem Glücke umgeschlagen. Warum sollte dies nicht auch in seiner gegenwärtigen Lage der Fall sein können?

Und hatte er dieser Denkungsweise nicht die stille Heiterkeit und Kindlichkeit des Gemüthes zu verdanken, die ihn beglückte, und — nebst seinen Werken charakterisirte?

„Der Ausdruck eines kindlichen heiteren Gemüthes"— sagt Hoffmann in seinen köstlichen Phantasiestücken — „herrscht ja überall in Haydn's Compositionen. Seine Symphonien führen uns in unabsehbare grüne Haine, in ein unabsehbares Gewühl glücklicher Menschen. Jünglinge und Mädchen schweben in Tänzen vorüber; lachende Kinder, hinter Rosenbüschen lauschend, werfen sich neckend mit Blumen. Das ist ein Leben voll Liebe, voll stiller Seligkeit, in ewiger Jugend. Kein schriller Ton eines herben Leidens, kein derber Schmerz, nur ein süßes wehmüthiges Verlangen nach der geliebten Gestalt, die in der Ferne im Glanze des Abendrothes daherschwebt, nicht näher kommt, nicht verschwindet! Und — so lange sie da ist, wird es nicht Nacht, denn sie selbst ist das ewige Abendroth, von dem Berg und Hain erglühen!"

So hatte Haydn sich denn auch jetzt wiedergefunden. Der Schmerz brannte tief in seinem Herzen; aber mit den Worten: „der Herr hat's gegeben, der Herr hat's genommen, der Name des Herrn sei gebenedeit! war er ruhig geworden und wollte eben mit stiller Resignation den Brief seines fürstlichen Herrn beantworten, als Mozart eintrat.

Der junge Mann erkannte bald, trotz der herzlichen und freundlichen Aufnahme von Seiten des ältern Freundes, daß diesen etwas schmerzlich getroffen haben müsse, und Haydn nahm keinen Anstand seinem Lieblinge die Wahrheit zu sagen.

Der Antheil Wolfgangs war, wie natürlich, ein inniger; man sprach viel über den Gegenstand, und Mozart hatte dabei mehr wie je Gelegenheit die kindliche Ergebenheit Haydn's in sein Geschick zu bewundern. Als er dies aber offen aussprach, lächelte Haydn milde, indem er zugleich sagte:

„Das, mein junger, feuriger Freund, — das lernt sich von selbst, wenn einem das Leben gezogen hat, wie mich."

Da flammte ein alter Wunsch in Mozart auf:

„Ach!" — rief er, und faßte Haydn's beide Hände — „lieber Herr Capellmeister, da kommen wir auf etwas, um das ich Sie gern schon lange gebeten hätte!"

„Und das wäre?"

„Theilen Sie mir, wenn es Ihnen nicht unangenehm ist, die Geschichte Ihres Lebens mit. Ich habe so manch' Wunderbares darüber gehört, — Ihre Größe als Musiker, — Ihre unübertreffliche Güte als Mensch, — Ihre edle Ergebenheit als Christ, schon so oft bewundert, daß es mich doppelt interessirt, die Lebensschule kennen zu lernen, die meinen würdigen, so hoch verehrten Freund gebildet hat."

Haydn's Blicke ruhten bei diesen Worten freundlich auf Mozart's offenen Zügen, die den unverkennbaren Stempel der Wahrheit und innigsten Theilnahme trugen.

„Ja!" — sagte er dann nach einer minutenlangen
Pause — „eine Lebensschule war mein Dasein bisher
allerdings, und eine Schule der höheren geistigen und sittlichen Ausbildung ist wohl das Leben für Jeden. Es mag
daher auch immer für Andere von Interesse sein, zu hören,
wie es uns gezogen hat, und so will ich Ihrem Wunsche gern
entsprechen. Sie sind ja Musiker wie ich, und werden mich
daher auch verstehen; denn mein ganzes Leben ist eigentlich
Musik, und oft glaubte ich schon manches in meinem Inneren geheimnißvoll Verschlossene, was keine Worte aus-
zusprechen vermochten, durch sie zu verstehen."

„Und warum das nicht?" — rief Mozart flammenden Auges. — „Ein Ton, — ein Accord ist oft ein süßer,
glühender Kuß himmlischer Wesen, — eine Offenba-
rung der Geheimnisse des innersten Lebens, das
uns, das die ganze Welt wunderbar durchströmt.
Nur der Dichter versteht wohl so recht eigentlich den Dichter, — nur der Musiker den Musiker, wie nur Derjenige
die Sprache der Begeisterung zu fassen vermag, der selbst
im Heiligthume der Musen die Weihe der Begeisterung
empfangen hat."

„So ist es!" — rief Haydn ergriffen und seine Augen leuchteten in feuchtem Glanze. — „Sie verstehen mich,
hören Sie daher meine Geschichte."

Und Haydn lehnte sich auf seinem Stuhle zurück, richtete die Blicke gedankenvoll in das Weite, als suche er dort
die Bilder der fernen Heimath und begann:

„Auf der Gränze von Ungarn und Oesterreich liegt

ein Dörfchen mit Namen Rohrau. Dort bin ich — vor jetzt neununvierzig Jahren — geboren worden, und zwar von recht armen aber ebenso braven Eltern.

Mein Vater war ein Wagner; liebte dabei aber, wie alle Ungarn und Böhmen, die Musik über Alles und spielte die Geige ganz annehmbar. Auch meine Mutter — Gott habe sie selig — war musikalisch und, bei einer schönen Stimme, auf der Harfe gewandt. Ihr kennt ja das Sprichwort unseres Landes in Beziehung auf den musikalischen Sinn seiner Einwohner?"

„O ja!" — sagte Mozart — „wer sollte das nicht: „In zwei Häusern drei Geigen und ein Hackbrett."

„Es ist bezeichnend genug!" — fuhr Haydn fort und ein unendlich mildes Lächeln spielte um die Winkel seines Mundes. — „Darum liebe ich aber auch die Ungarn und Böhmen so innig. Gott hat sie gar sehr durch diesen Sinn für Musik gesegnet. Wie glücklich ist doch die Mehrzahl dieses Volkes, trotz der großen Armuth! Und warum? weil die liebe, süße Musik ihnen die Bürden des Lebens tragen hilft und jede freie Stunde durch einen einfachen erhebenden Genuß vergoldet! Ja, ja! ich lasse mir's nicht nehmen, es geht nichts über Musik! Sie beglückt schon den ärmsten, einfachsten Menschen, während sie dem Geweihten selbst das ferne unbekannte Geisterreich erschließt, — jenes Zauberreich voller Herrlichkeiten, wo ein unaussprechlicher süßer Schmerz, wie die unsäglichste Freude, der entzückten Seele alles auf Erden Verheißene über alle Maßen erfüllt!"

Haydn schwieg einen Moment, dann fuhr er fort:

„Da es, trotz allem Fleiße, meinem guten Vater auf
dem abgelegenen Dorfe oft an Arbeit und damit an dem
Nöthigsten gebrach, entschloß er sich, es wie gar manch'
Anderer zu machen, und an Sonn= und Feiertagen auszu=
ziehen, um am Wege oder vor dem Wirthshause mit der
Mutter zu musiciren. Der Vater spielte dann die Geige,
die Mutter aber sang gar lieblich zur Harfe. Ich weiß
freilich nur noch wenig davon, obgleich sie mich schon als
zwei= und dreijähriges Kind mitnahmen. Zu Hause konn=
ten sie ja den armen Wurm nicht lassen. Aber Gottes
Wege sind wunderbar. So soll ich denn einmal an einem
schönen Sonntage auch zu den Füßen meiner Eltern ge=
sessen haben, als der Schulmeister aus dem nahen Städt=
chen Haimburg vorbeiging. Das Lied der Mutter, das
Spiel des Vaters gefiel ihm gar sehr; aber noch mehr soll
ich seine Aufmerksamkeit erregt haben, da ich, ein drei=
jähriger bausbäckiger Junge, ein Brettchen an den Hals
gestemmt hatte — just wie eine Geige — und mit einer
Weidenruthe lustig darauf herumfidelte. Das Drolligste
aber war — der alte ehrliche Schulmeister hat es mir spä=
ter gar oft erzählt — daß ich kleiner Kerl schon damals
genau Tact hielt, pausirte, wenn der Vater pausirte und
Mutter Solo sang, und dann mit dem Vater wieder auf
ein Sechszehntel einfiel. Das aber merkte sich der gute
Schulmeister, und als ich das fünfte Jahr erreicht hatte,
nahm er mich auf in Haus und Schule und hielt mich wie
seinen Sohn. Auch im Gesang, auf der Geige und den
Pauken erhielt ich Unterricht."

„Alter, ehrlicher Freund!" — rief hier Haydn mit sichtlicher Rührung — „du bist längst todt und zu Asche verfallen, aber in meinem dankbaren Herzen lebst du fort und fort, bis es zu schlagen aufhört!"

Er schwieg abermals eine kleine Zeit, bis Mozart ihn mit den Worten:

„Und wie ging es Ihnen nun weiter?" — aus seinen Er= innerungen aufschreckte und in die Gegenwart zurückführte.

„Weiter?" — wiederholte Haydn. — „Ja so! — — Nun, es waren gerade zwei Jahre, seit ich in Haimburg war, als der kaiserliche Capellmeister von Reuter, der zugleich der Musik in der St. Stephanskirche in Wien vorstand, den Dechanten in Haimburg besuchte. Der Dechant mochte mich leiden, und da ich eine gute Kinder= stimme hatte, auch die Noten sicher traf, empfahl er mich Herrn von Reuter. Ich wurde geprüft und — nach Rücksprache mit meinen Eltern — mit nach Wien genom= men, um, sieben Jahre alt, als Chorknabe in der St. Stephanskirche zu singen."

„Das wird ein schmerzlicher Abschied von den Eltern und dem guten Schulmeister gewesen sein!" — meinte hier Mozart.

„Das können Sie sich denken, mein Lieber," — ent= gegnete Haydn — „aber es war ein „Muß" und doch auch ein Glück für die Eltern, welchen indessen der liebe Gott ein zweites Kind, meinen Bruder Michael, geschenkt hatte. Mir that freilich der Abschied auch wehe; aber lag dafür nicht die prächtige Kaiserstadt vor mir? und sollte

ich dort nicht im großen, großen Stephansdome singen, und
noch viele Instrumente lernen? — — Und das geschah
denn auch; ich blieb hier, bis in mein 16. Jahr Chorsänger, lernte und studirte aber dabei fleißig die Theorie der
Musik und erwarb mir die nöthigen Kenntnisse auf weiteren Instrumenten."

„Auch versuchte ich mich — zehn Jahre alt — in sechszehnstimmigen Compositionen. Wissen Sie aber was ich
damals von meinen Compositionen dachte?"

„Nun?" — frug Mozart.

„Ich glaubte damals" — sagte Haydn lächelnd — „je
schwärzer das Papier, desto schöner die Musik."*)

„Und ging mir es anders?" — rief Wolfgang heiter und erzählte mit wenigen Worten von seinem eigenen
ersten Compositionsversuche und den Tintenkleckſen, die ihn
schmückten. „Aber ich habe Sie unterbrochen!" — schloß
er dann, und Jener fuhr fort:

„Das war nun alles gut, bis ich im sechszehnten Jahre
mit meinem Sopran auch die Stelle als Chorsänger verlor.
Mit dieser Stelle waren aber auch die glücklichen Tage der
Sorglosigkeit dahin, die Prüfungen des Lebens sollten beginnen. Meine Lage war äußerst drückend. Von Niemand gekannt, ohne alle und jede Mittel, allein dastehend
in dem großen Wien, ohne irgend einen Beschützer, blieb
mir nichts übrig als ein elendes Dachstübchen zu miethen
und durch Unterricht mein Leben kümmerlich zu fristen.

---

*) Haydn's eigener Ausspruch.

Und doch, mein lieber Mozart gab es Stunden, in welchen ich glücklich, recht glücklich war. An meinem von Würmern zernagten Claviere, beneidete ich nicht das Schicksal der Könige!*) Seht" — fuhr hier der große Meister der Töne fort — „so ist, was Ihr selbst vorhin sagtet, das Leben eine Hochschule für uns; und wißt Ihr, was es mich in jener Zeit lehrte?"

„O ja!" — rief mit hoher Verehrung Mozart — „zwei Tugenden, die Sie vor Allem schmücken: Zufriedenheit und jene wunderbare Bescheidenheit, die Ihren Charakter so liebenswürdig macht!"

„Ja!" — sagte Haydn und nickte bestätigend mit dem Haupte: — „Zufriedenheit, Bescheidenheit und Gottvertrauen hat mich jene Zeit gelehrt, und ich danke daher noch heute meinem Schöpfer für die mir damals auferlegten Prüfungen; denn durch jene drei Himmelsschwestern ward mir Frieden und Heiterkeit der Seele. Aber Gott gab mir auch in all' meiner damaligen Bedrängniß Freude! So fielen mir um jene Zeit unter Anderem die sechs ersten Sonaten von unserem herrlichen Emanuel Bach in die Hände. Welch' ein Schatz für mich! Ich stand nicht eher vom Claviere auf, bis sie von vorn bis hinten durchgespielt waren, und wer mich kennt, wird gefunden haben, daß ich Emanuel Bach viel verdanke, daß ich seinen Styl

---

*) Haydn's eigene Worte.

gefaßt und mit Sorgfalt studirt habe; er selbst machte mir einst ein Compliment darüber!" *)

„Da sprach Bach die Wahrheit!" — sagte Mozart — „dies beweisen ja Ihre wunderbar-schönen Streich-quartette und vor allen Dingen Ihre Symphonien!"

„Lassen wir das!" — versetzte Haydn freundlich ab-wehrend. „Sunt mala mixta bonis; wohl und übel gerathene Kinder! **) Kommen wir lieber zu meiner Er-zählung zurück."

„Und wie kamen Sie nun zu Esterhazy?"

„Auf Wegen, die mir jetzt wie ein Fingerzeig Gottes, wie die Führung eines liebenden Vaters erscheinen, wenn es mir auch in jenen Tagen nicht immer so bedünken wollte."

„Nun?"

„Dem armen, verlassenen und alleinstehenden Jüng-ling ward endlich das Glück in einer seiner Schülerinnen, dem Fräulein von Martinez, eine Beschützerin zu fin-den. Sie war eine Freundin Metastasio's und lebte bei ihm. Ich unterrichtete sie in Gesang und Clavier, und erhielt dafür bei Metastasio Wohnung und freien Tisch."

„Nun!" — rief Mozart freudig — „da waren sie ja geborgen. Metastasio ist reich, der Poeta Cesareo, mit der Gunst des Hofes beehrt, prachtvoll wohnend......"

„Das" — versetzte Haydn, milde lächelnd — „be-

---

*) Haydn's eigene Worte.
**) Haydn's eigener Ausspruch.

durfte ich nicht. Ich danke es aber dem alten Herrn noch heute, daß er mir ein Stübchen im fünften Stocke einräu= men ließ und ein warmes Bett gab; denn da ich für mein Orgelspiel bei den barmherzigen Brüdern nur sechszig Gulden jährlich und für meinen Unterricht bei meist unbe= mittelten Leuten, so wie für mein Mitspielen in verschiede= nen Orchestern gar wenig bekam, so mußte ich die Winter= tage, aus Mangel an Holz, im Bette zubringen, in welchem ich freilich fleißig componirte." *)

„Aber diese Compositionen" — rief Mozart bewegt — „die brachten Ihnen gewiß doch Geld ein?"

„O ja!" — sagte Haydn lächelnd — „ich erhielt für jede vollstimmige Menuett von den Tanzwirthen der Leo= poldstadt zwei Gulden Conv. Münze, für einen Länd= ler anderthalb Gulden...."

„Aber, mein Gott!" — rief Mozart in immer größe= rem Staunen — „warum ließen Sie denn diese wunder= schönen Tänze, die jetzt in den Sälen der Fürsten und Könige, wegen ihrer Leichtigkeit, ihrer Anmuth und Ju= gendfrische Alles bezaubern, nicht stechen?"

„Weil ich keinen Verleger fand!" — entgegnete Haydn ruhig. — „Ich hatte ja damals noch keinen Namen, — kannte Niemanden, dem ich meine Compositionen widmen konnte. Man lachte mich, den damals noch ganz unbe= kannten, armen Musikanten daher auch aus, als ich von Verlegen sprach."

---

*) Historisch.

Mozart seufzte tief auf, Haydn aber fuhr ruhig fort:

„Jedenfalls hatte ich durch Metastasio's Umgang den großen Vortheil, Italienisch auf leichte Weise lernen zu können und so manches von der Aesthetik der Musik zu hören, was mir später sehr nützlich war. Auch lernte ich dort meinen unvergeßlichen alten Porpora kennen. Indeß.... Fräulein von Martinez verließ Wien. Ich verlor abermals Tisch und Wohnung — und.... — wäre dem alten Elend verfallen gewesen, wenn mir nicht der Himmel — wie durch ein Wunder — in der Leopoldstadt, wohin ich mich zurückgezogen, auf's Neue einen edlen Mann entgegengeführt hätte. Sie kennen ihn und haben unstreitig schon von ihm, als meinem Schwiegervater, gehört. Zwar war es nur ein Friseur, aber unter seinem einfachen Kleide schlug ein menschenfreundliches Herz. Er nahm mich auf, wie seinen Sohn, gab mir Kost und Wohnung und besorgte selbst, da er weit praktischer war, als ich, den Verkauf meiner Compositionen. So war ich 18 Jahre alt, als ich mein erstes Quartett componirte, das, ich darf es wohl ohne Eitelkeit sagen, reichen Beifall erntete."

„Und ihn verdiente!" — fügte Mozart mit dem Ausdruck warmer Verehrung bei.

„Dieser Beifall aber feuerte meinen Eifer zu ähnlichen Arbeiten an. Zwar fielen sogleich die Kritiker und die Pedanten über meinen armen Namen her; aber ich kümmerte mich nicht viel darum; meine innerste Ueberzeugung sagte mir: daß ein Werk durch zu strenge und zu eigensinnige Befolgung der Kunstregeln an Geschmack und Ausdruck verliere. Ich ging daher meinen eigenen Weg, folgte der inneren Stimme und dem Drang der Seele, ... und..... that gut daran. Jetzt war ich froh und glücklich. Ich lebte und webte in der Musik, und wenn ich auch gar oft hungrig zu Bette ging, da mir selbst manchmal das liebe Brod fehlte — ich hatte ja von meinem kleinen Einkommen auch meine guten Eltern zu unterstützen — so dankte ich doch dem lieben Gott mit frohem Herzen für die schönen Gaben, die er mir hinsichtlich der Musik verliehen, und die mein Leben doch immer in einen rosigen Schimmer hüllten. Ich gab Unterricht, schrieb Tänze, spielte nach wie vor die Orgel und Abends durchzog ich mit einigen Freunden und Kunstgenossen die Straßen, um meine Compositionen aufzuführen. Eines Abends nun sangen wir eine Serenade zu Ehren der Gattin des damals so allgemein beliebten komischen Schauspielers Kurz, bekannt unter dem Namen Bernarden. Sie gefiel sehr und Kurz hatte kaum erfahren, daß dieselbe von mir sei, als er zu mir kam und mich bestürmte, ihm eine Oper in Musik zu setzen. O je! wie sträubte ich mich damals vor dieser Aufgabe, nicht aus Mangel an Lust und Kenntnissen, wohl aber aus Furcht, in einem noch so unreifen Alter — ich war damals neunzehn Jahre alt — etwas Tüchtiges leisten zu können. Aber Kurz und mein späterer Schwiegervater ließen nicht nach, und so kam meine erste Oper: „Der hinkende Teufel" zur Welt."

„Die auch Ihr Glück machte!" — sagte Mozart.

„Allerdings!" — versetzte Haydn. — „Zwar durfte

sie, ihrer satyrischen Tendenz wegen, nur dreimal gegeben werden; aber.... sie machte den edlen und wohlwollenden Fürsten Esterhazy auf mich aufmerksam, der mich denn auch bald an die Spitze seiner Capelle stellte."

„Und für den Sie, in dieser Stellung, die wunder= schönen, von aller Welt mit Begeisterung aufgenommenen Symphonien, und die herrlichen Quartette schrieben, die ein Schatz der deutschen Musik sind!" — rief hier Mo= zart mit flammenden Blicken, — „während Sie zugleich, seit den mehr als zwanzig Jahren ihrer Anstellung als Dirigent der fürstlich esterhazyschen Capelle, diese zu einem europäischen Rufe erhoben."

„Um...." — fügte Haydn traurig hinzu — „jetzt von ihr scheiden zu müssen."

„Ich kann es nicht glauben!" — sagte Mozart tief bewegt. — „Fürst Esterhazy....."

„Hier ist sein Brief!" — fiel Haydn ein. — „Sein Entschluß steht fest; denn — wie ich ihn kenne — hätte er sonst diese Zeilen nicht geschrieben. Aber warum soll ich auch murren? Hat der liebe Gott mich nicht immer in meinem Leben wunderbar=herrlich geführt? Auch diese Trennung von meiner jetzigen Stellung, die mir allerdings sehr, sehr schwer wird, hat er in seinem weisen Rathe be= schlossen; wer kann wissen, wohin er mich führen will? Ich füge mich willig und werde — mit dem innigsten Danke gegen ihn und den edlen Fürsten Esterhazy, dem ich unendlich viel Gutes verdanke — meine Stelle nieder= legen."

Haydn hatte dies ruhig und milde gesagt; aber ein
leises Schwanken seiner Stimme verrieth den tiefen Schmerz
seiner Seele. Und Mozart?... Er ehrte diesen Schmerz
zu sehr, um ihn in irgend einer Weise durch künstliche oder
erzwungene Mittel heben zu wollen. Ein so tiefes und
reiches Gemüth, wie das des edlen Joseph Haydn, trug
in sich selbst die beste Kraft zu seiner Bewältigung. Wolfgang Amadeus schied daher bald.

Haydn aber saß noch lange still und unbeweglich da,
und schaute mit trüben Blicken vor sich hin. Er sah das
schöne Werk zerfallen, das er mit so unendlich vieler Mühe
gestiftet, mit so großer Ausdauer so lange erhalten hatte.
Jetzt sollte es in Stücke gehen! In die Welt hinaus sollten
alle die vielen wackeren Künstler ziehen, die seine Capelle
gebildet, — Einer nach dem Anderen dahin, dort-
hin . . . . . .

Aber was ist das? — Warum flammen plötzlich
Haydn's Augen? — Warum ist er aufgesprungen und
steht nun, wie verklärt, hoch aufgerichtet da? — Hat sich
dem Auge seines Geistes eine höhere Welt erschlossen?
Rauscht über ihm mit ausgebreiteten Adlerflügeln der Genius der Tonkunst dahin? — Ja! ja! . . . . er ist es, der
ihn in diesem Momente erfaßt hat und mit der Allgewalt
des Göttlichen hoch über den Schmerz und die Sorgen
des Lebens hebt. Er ist es, der Genius der Tonkunst,
der ihm zuruft: Haydn, hier ist zu große Nachgiebigkeit
Schwäche. Erhebe Dich, Du, den ich meiner Liebe ge-
würdigt, trete mit der Tonkunst für die Tonkunst ein. Auf!

laſſe ſie noch einmal mit der vollen Kraft ihrer unwi-
derſtehlichen Beredſamkeit ſprechen, und — — Du wirſt
ſiegen!"

Und Haydn rief: „Ja es ſei! — Einer nach dem
Andern! — Eines nach dem Andern! — — Jetzt weiß
ich, was ich zu thun habe!"

Das letzte Licht

~~~~~~

Vier Wochen waren seit jenem Tage verstrichen. Heute sollte das letzte Concert sein, welches Fürst Esterhazy durch seine Capelle unter der Direction Joseph Haydn's zu geben gedachte.

Der ganze hohe Adel Wien's war dazu eingeladen; denn wer nur je die Räume des Esterhazyschen Palais betreten, hatte mit Schmerz und Leidwesen den Entschluß des Fürsten vernommen, diese unübertreffliche Capelle aufzulösen, und wollte nun wenigstens den letzten Genuß, den sie bot, nicht versäumen. Außer dem hohen Adel aber, waren nur noch wenige hervorragende Größen der Künstlerwelt geladen, und unter diesen befanden sich Metastasio, Ritter von Gluck und Mozart.

Der Abend kam, und je tiefer sich Wien in das Dunkel der allmälich hereinbrechenden Nacht hüllte, desto heller

und strahlender trat der Esterhazysche Palast hervor, bis
er, aus allen seinen Fenstern ein Meer von Licht ergießend,
wie das Schloß einer Fee erglänzte. Prachtvoll namentlich gestaltete sich das Hauptportal, das, in einen Wald
von Sträuchern, Bäumen und Blumen umgewandelt, gar
Manchem von den vielen Hunderten, die sich da draußen
staunend drängten, wie der Eingang zu einem Paradiese
erschien.

Aber strahlender noch wie nach Außen, war der Palast
Esterhazy heute nach Innen. Alle diese Säle, Empfangs-,
Spiel- und Vorzimmer glänzten in fürstlicher Pracht; und
was noch mehr heißen will, die Pracht ging mit einem
auserlesenen Geschmack Hand in Hand.

Dennoch herrschte ein gewisser Ernst, man könnte fast
sagen, eine Mißstimmung unter den Anwesenden, da die
beabsichtigte Auflösung der Capelle — die gewissermaßen
durch das heutige Concert ihren Abschied erhielt — allgemeine Mißbilligung fand. Auch sprach man überall in
vereinzelten Gruppen von diesem Verluste; denn die über-
aus glänzende Gesellschaft war bis jetzt noch nicht in den
Concertsaal eingetreten, sondern nahm, in die weiten Pracht-
räume des Palais nach Lust und Liebe vertheilt — die feinen und köstlichen Erfrischungen ein, die reichgallonirte
Diener auf und in silbernen Gefäßen darboten. Daß der
Name Haydn in diesen Gesprächen vielfach genannt
wurde, versteht sich wohl von selbst. Namentlich geschah
dies eben jetzt zwischen zwei stattlichen Herren. Der eine
von ihnen, mit Orden bedeckt, gehörte augenscheinlich der

hohen Aristokratie an. Aber wenn auch der andere — nur
den päpstlichen Orden des goldnen Sporn tragend —
einer weniger exclusiven Stellung sich erfreuen mochte, so
verkündete doch der Ausdruck seines geistreichen Gesichtes,
die stolze Haltung seines Hauptes, die feine Art und Weise,
wie er sich bewegte, daß er sich in solchen Kreisen zu Hause
fand, und wohl einen Adel trug, der höher begründet war,
als dies durch Brief und Siegel — und wären diese von
Kaisern und Königen — geschehen könnte. Ersterer war
Graf Zichy, letzterer Ritter von Gluck.

„Es ist unrecht, — bei Gott, es ist unrecht!" — sagte
jetzt Graf Zichy. — „Wenn ich der Fürst wäre, ich würde
mich nicht von dieser trefflichen Capelle, aber noch weit
weniger von Haydn trennen. Er ist einer unserer größten
Männer!"

„O das ist gewiß," — entgegnete Gluck, mit dem
Ausdruck aufrichtiger Verehrung. — „Groß im Kleinen
und noch größer im Großen — die Ehre unseres Zeitalters."

„Immer reich und unerschöpflich!" — fuhr Zichy
fort. — „Und dabei neu und überraschend!"

„Erhaben selbst, wenn er zu lächeln scheint!" — sagte
Gluck. — „Hat er doch unseren Instrumentalstücken, namentlich den Quadros und Symphonien eine Vollendung
gegeben, die vor ihm Niemand ahnte."

„Und spricht nicht Alles, wenn er sein Orchester in
Bewegung setzt?!" — fiel Graf Zichy ein.

„So ist's!", — entgegnete Gluck. — „Jede, sonst un-
bedeutende Füllstimme in den Werken anderer Componisten

wird erst bei ihm zur entscheidenden Hauptparthie. Jede
harmonische Künstelei, sei sie selbst aus dem Zeitalter der
grauen Contrapunktisten, steht ihm zu Gebote. Aber
sie nimmt statt ihres ehemaligen steifen Wesens, eine
gefällige Gestalt an, so bald Haydn sie für unser Ohr
benutzt."

„Und doch glaubt man mit allen seinen Sachen schon
vertraut zu sein, auch wenn man sie zum erstenmale hört!"—
meinte der Graf.

Gluck lächelte: — „Das ist, weil er die große Kunst
besitzt, in seinen Sätzen bekannt zu scheinen. Dadurch
wird er, trotz aller contrapunktischen Bedeutsamkeit, dennoch
populär und jedem Liebhaber angenehm, während er an=
dererseits immer Originalität behauptet."

„Und seine Symphonien! — Wir werden heute zum
Abschiede eine neue hören?"

„Ich glaube!"

„Sie sind herrlich."

„Ja, kindlich=heiter, geistvoll und sehr fließend!" —
versetzte Gluck. — „Eine nie erschöpfte Gedankenquelle,
gepaart mit Sicherheit und Gewandtheit, führen das Ohr
unvermuthet in Wildnisse und Tiefen, wohin es einer so
graziösen Leitung gerne folgt."

„Und" — rief Zichy — „immer reich belohnt wird."

„Sie sprechen von Haydn, Excellenz!" — sagte in
diesem Augenblicke die Baronesse Waldstetten, indem sie,
leicht grüßend, hinzutrat.

„Zu dienen, meine Hochverehrte!" —entgegnete Graf Zichy, indem er und Gluck die würdige Dame ehrfurchts= voll begrüßten.

„Nun" — fuhr diese fort — „ich habe die letzten Worte Ihres Gespräches gehört. Darf ich Ihnen sagen, wie mir Haydn verkommt.?"

„Bitte, ja!"

„Haydn macht es wie ein schlauer Redner, der, wenn er uns zu etwas überreden will, von einem allgemein als wahr anerkannten Satze ausgeht, den Jeder einsieht, Jeder begreifen muß."

„Vortrefflich!" — rief Gluck.

„Seine Musik" — fuhr die Baronesse fort — „geht dadurch dem Gehör glatt ein, weil wir wähnen, etwas Leichtfaßliches, schon Vernommenes zu hören; allein bald finden wir, daß es nicht das wird, nicht das ist, was wir glaubten, daß es sei, — daß es werden sollte. Wir hören etwas ganz Neues und staunen über den Meister, der so schlau Unerhörtes uns unter dem Anstrich des Allbekann= ten zu bieten wußte."

„Ich bewundere Ew. Gnaden!" — rief hier Gluck.— „Ein treffenderes Urtheil über Haydn habe ich noch nicht gehört."

„Sie stimmen mir also bei?"

„Vollkommen! Und diese liebenswürdige Popularität gibt seinen Compositionen bei aller Fülle von Harmonie= aufwand und Instrumentation eine so unendliche Klarheit und Verständlichkeit, daß sie alle Welt mit Leichtigkeit faßt. Ich erwarte mir noch Großes, sehr Großes von Haydn!"

In diesem Augenblicke wurden die Flügelthüren des Concertsaales geöffnet, und die funkelnde blitzende, rauschende Menge strebte nach den Sitzen. Fürst Esterhazy führte die alte Fürstin Colloredo; Mozart stand hinter dem Sessel seiner Schülerin, der Gräfin Rombeck, die an der Seite der Baronesse Waldstetten Platz genommen hatte. Auch der Baron van Swieten und Gluck fanden sich hier ein.

Das Concert begann. Es war in seiner ersten Ab= theilung ausgezeichnet, wie immer, bot aber nichts Auffal= lendes; nur war nicht zu verkennen, daß etwas Trübes und Gedrücktes im Orchester wie bei den Zuhörern vor= herrschte. Selbst die Wahl der Stücke beförderte diese Stimmung, die anfing peinlich zu werden. Mozart hatte eine Thräne im Auge; Fürst Esterhazy aber biß sich so stark auf die Lippen, daß sie fast bluteten. Niemand ahnte, was ihn der Entschluß, seine geliebte Capelle zu entlassen, kostete — zumal in dieser Stunde.

Jetzt aber wuchs die Spannung allgemein. Man wußte, daß Joseph Haydn für die zweite Abtheilung dieses Ab= schieds=Concertes eine neue Symphonie componirt hatte, und erwartete sich daher Großes. Groß und imponirend mußte der große Mann doch scheiden.

Endlich gab der Fürst ein Zeichen und Haydn, der sich bis dahin mit Colloredo unterhalten hatte, trat zu seinem Pulte. Er war blaß, — blässer sogar als gewöhn=

lich und der unsichere Schein des vor ihm brennenden, mit
einem grünen Schirme bedeckten Lichtes, gab ihm fast etwas
Geisterhaftes. Unverkennbar war dabei der Ernst, welcher
in seinen Zügen lag, und der doch jenen milden Ausdruck
nicht verwischen konnte, der Haydn als Mensch und Musiker charakterisirte.

Jetzt fiel der Tactstock des Capellmeisters — die Symphonie begann — — alle Herzen schlugen höher!

Da fuhren Lichtstrahlen durch die Nacht des Erden-
lebens, und die Lichtstrahlen waren Töne. Melodien
rauschten auf und nieder und auf dem tönenden Strome
wiegten sich Engel, spielend in stillem Entzücken. Wer aber
den Meister näher kannte, der hörte, wie diese Töne sagten:
Wenn auch Alles wankt und uns verläßt, du, ewiger Genius
der Musik, du verläßt den nicht, der dich liebt, und sich
dir hingegeben hat. Der treueste Freund, — die höchste,
heiligste Geliebte ist die Kunst! Wo fänd' ich Trost,
wenn ich sie nicht hätte? — Preis und Dank daher,
dir, du ewiges Wesen, daß du sie den Kindern der
Erde, — daß du sie auch mir zur Begleiterin durch's
Leben gabst!"

So fühlten zwar gerade nicht Viele der Anwesenden
mit, aber Alle ergriff doch diese einfache, kindliche Musik —
die gleichsam ein Blick in das Paradies war — die die
Herzen freudig erhob und doch mit tiefem Schmerz den
Verlust gerade jetzt doppelt fühlen ließ, der Allen bevor-
stand, wenn ihr Meister schied und diese herrliche Capelle
zu sein aufhörte.

Auch Fürst Esterhazy bewegten solche Gedanken. Fast kam etwas wie Reue über ihn. Schon sein Stolz hatte durch den unseligen Entschluß viel gelitten, seine Eitelkeit nicht minder, und nun sprach auch noch seine Liebe zur Kunst gar beredt zu ihm, — oder vielmehr thaten dies in ihrem Namen die Töne, die der Meister und durch ihn das Orchester, wie feurige Pfeile nach seinem Herzen sandten. Esterhazy hatte die ganze Selbstbeherrschung eines Welt= und Staatsmannes nöthig, um nicht wankend in seinem Entschlusse zu werden und die Bewegung seines Inneren nicht zu verrathen.

Doch was ist das? — Die Pauken schweigen. Der junge Mann, der sie geschlagen, packt leise ein, löscht sein Licht und — geht.

Unerhört! Das war in einer fürstlichen Capelle noch nie vorgekommen.

Aber die Musik tönt weiter; man achtet nicht auf den Gehenden.

Doch wie? Auch die Trompeten packen sachte ein, löschen ihre Lichter — und — verschwinden?

Eine leise Bewegung gibt sich im Saale kund.

Und ein Blasinstrument nach dem andern ver= stummt, — löscht sein Licht — und zieht sich zurück.

Aber die Musik geht fort und fort, — nur leiser und leiser! — Und immer weniger Instrumente, — und

immer mehr Lichter, die erlöschen, — und immer
düsterer und einsamer im Orchester!

Ein leichter Schauer durchrieselt hie und da die span=
nenden Hörer, wenn auch ein Lächeln das Ungewöhnliche
begleitet. Des Fürsten Esterhazy Augen aber feuchten
sich: „Haydn!" — murmelt er leise — „warum mich
so quälen!"

Und die Bässe verstummen und — ihre Lich=
ter löschend — verschwinden auch sie. Die beiden Cello
folgen — die Bratsche . . . . . und jetzt klagt in dem dunkel
gewordenen Orchester nur noch die erste Violine in sanften
schmachtenden Tönen, — in leisen Seufzern ihr Leid. . Es
ist der Schwanengesang der Capelle — das Lebewohl des
Meisters — die wehmüthig süße Erinnerung an eine schöne
Zeit, — an schöne Abende, an herrliche Kunstgenüsse.
Alles ist ja vergänglich, warum sollte es die edle, groß=
herzige Gunst eines edlen Fürsten gegen die Musik nicht
auch sein? — Alles ist ja vergänglich auf dieser Welt,
warum nicht das schöne Band, das hier so viele wackere
Künstler zu großen und herrlichen Leistungen aneinander=
knüpfte? — Lebt wohl, ihr Brüder und Freunde; wie die
Instrumente hier einzeln abfallen und gehen, so zieht auch
ihr einzeln in die Welt — einer nach dem Andern —
und ein Licht der Freude, stillen Glücks nach dem andern
erlöscht! Lebt wohl ihr Alle! — Leb' wohl, du edler
Fürst, der du bis dahin so viel für die Kunst gethan, —
lebe wohl — und nimm unseren heißen, innigen Dank!"

So rief, in wundervollen, unendlich zarten Tönen, die

allein übrig gebliebene erste Violine — dann verstummte auch sie, — das Licht erlosch, — der Künstler ging.

Jetzt war nur er noch da, der Meister.

Todtenstille herrschte rings umher. Die Herzen konnte man schlagen hören. — —

Und Haydn legte den Stab, den er so würdig, so tüchtig über zwanzig Jahre lang geführt, still nieder, löschte ebenfalls sein Licht — verneigte sich tief .... aber in demselben Augenblicke brach ein Sturm des Beifalls los, wie ihn wohl noch kein fürstlicher Concertsaal gehört!

„Bravo! Bravo Haydn!" ertönte es aus jedem Munde und alle Hände waren Beifall spendend in Bewegung, — und in vielen, vielen Augen, die sonst nicht gewöhnt waren, sich zu feuchten, glänzten Thränen.

Fürst Esterhazy aber hatte sich rasch erhoben; alle seine Gründe waren durch die beredten Töne der „Abschiedssymphonie" widerlegt; — sein großes Herz, sein kunstliebender Sinn siegten über die kleinlichen Bedenklichkeiten — und rasch zu Haydn hineilend, faßt er die beiden Hände des tiefbewegten Mannes und rief:

„Haydn! Ihr bleibt und meine Capelle auch!"

Da donnerte ein neuer Jubel durch den Saal, und Alles drängte sich zu Haydn und zu dem Fürsten heran, beiden Glück zu wünschen.

Zuletzt gelangten auch Mozart und Gluck zu dem —

14*

jetzt so glücklichen — Freunde. Ernst faßte der Ritter, treuherzig Mozart seine Hand, und wie nun die drei größten Musiker ihrer Zeit so vereint dastanden, da tönte es zum drittenmale wie Sturmgebrause.

Der Genius der Musik aber schwebte unsichtbar über diesem herrlichen Dreigestirne und — lächelte selig!

———

Die „Entführung aus dem Serail.“

~~~~~~

Mozart's Oper: „Die Entführung aus dem Serail“ war vollendet und ging ihrer Aufführung entgegen; aber neben den freundlichen Hoffnungen des Meisters zischte — im Staube kriechend — die alte Schlange des Neides. Salieri spielte im Vereine mit den übrigen in Wien lebenden Italienern und Feinden Mozart's, in Oesterreichs Kaiserstadt gerade dieselbe Rolle, die einst Fioroni in Mailand übernommen hatte. Aber er war dabei so schlau und vorsichtig, daß Wolfgang Amadeus auch nicht die leiseste Ahnung von dieser Falschheit überkam.

Im Gegentheil hielt er Salieri nach wie vor für seinen besten Freund. Und war es ein Wunder, daß Wolfgang Amadeus Mozart eine Masse von Feinden hatte?

Außer seinem täglich wachsenden Ruhme — und die

Gerüchte von der bezaubernden Musik der „Entführung"
erfüllten schon lange vor der Aufführung die Stadt —
machte man ihm auch seine etwas herb schmeckende Freimüthigkeit und seine Vorliebe für das Kritisiren, welche
sich so offen wie sein ganzer Charakter war, kund gab, und
welche er auch in Gesellschaft nicht zurückzuhalten vermochte,
zum Vorwurfe. Sprach er sich doch gegen Jedermann
ohne Unterschied ganz freimüthig aus, als ob sein unge-
meines Talent nicht an und für sich schon tödtliche Be-
leidigung genug für alle diejenigen gewesen wäre, deren
Werke und Spiel er tadelte.

Unter den italienischen Meistern aber, die damals in
Wien lebten, gab es schon welche, die mit Salieri weit
genug blickten, um einzusehen, das Mozart ihr Verderben
werden müsse; daß seine neue deutsche Oper, die schon
jetzt so viel von sich sprechen machte, der erste Streich sei,
den er gegen die Universal-Monarchie der italienischen
Oper führe, und daß die Deutschen, von ihm geführt, ihnen
zuletzt ebenso den musikalischen Scepter aus den Händen
winden würden, wie die Vorfahren derselben Italien den
Scepter der Welt geraubt hatten. Die Wunden, welche
man auf diese Weise dem italienischen Nationalstolze
schlug, mußten tief und unheilbar sein, zumal er sich aus
seinen letzten Verschanzungen vertrieben und in seiner Eigen-
liebe an der verwundbarsten Stelle getroffen sah.

Was aber das Erbärmlichste war, viele deutsche Musiker, welche die einfältige Eitelkeit besaßen, auf Mozart
eifersüchtig zu sein, machten mit den Italienern gemein-

schaftliche Sache. Hätten doch diese armen kleinlichen
Seelen auf Gluck und Haydn gesehen, wie hätten sie
sich schämen, wie eines Anderen belehrt werden müssen.
Und zu all diesen Gehässigen kamen nun auch die italie=
nischen Sänger und Sängerinnen, die natürlich
ebenfalls für den Untergang der italienischen Oper, als
der Quelle ihrer Existenz, bangten, und sich daher um ihre
Maestri par aris et focis schaarten.*)

Alle diese Menschen zusammen, nebst ihrem Anhange,
bildeten nun einen feindlichen Phalanx gegen Wolfgang
Amadeus, an dessen Spitze — freilich in Unsichtbarkeit
eingehüllt — Salieri stand.

Aber warum verharrte Salieri denn in dieser Ver=
borgenheit und suchte den verhaßten Nebenbuhler nicht mit
Gewalt zu vertreiben? — Warum? — Weil Salieri
ein schlauer Italiener, ein feiner Weltmann war. Muß
man denn immer gleich zu den äußersten Mitteln schreiten?
So lange es heutigen Tages der Haß unter den sogenann=
ten gebildeten Menschen vermeiden kann, geht er drama=
tischen Katastrophen aus dem Wege. Man ergeht sich
vielleicht im Geheimen mit stiller Befriedigung an dem
Gedanken: wie angenehm es sei, den verhaßten Feind
vergiften zu können, ohne daß es die Welt merke;
aber man hütet sich doch eine solche That zu begehen; —
einmal, weil es immer gefährlich bleibt, und dann — weil
es eigentlich in unseren aufgeklärten Zeiten gar nicht nöthig

---

*) Oulibicheff: I. 191. 192. 193.

ist, so viel zu wagen. Die Feinde grüßen sich, sprechen
miteinander, drücken sich herzlich die Hände und flüstern
einander in die Ohren; .... es sind gute Bekannte, Zunft=
genossen, Mitbrüder in Apollo, selbst Freunde.

Man sieht sich und besucht sich gegenseitig, wie Mo=
zart Salieri sah und besuchte, der ihn stets auf die
herzlichste Art empfing. Der Teufel verliert aber
bei diesem Verfahren doch nichts gegen das frühere, wo
Dolch und Gift noch mehr Mode waren. Denn .... statt
den Menschen physisch zu morden, wird er jetzt
moralisch um's Leben gebracht!

Diese Kunst aber verstanden, wie wir bereits wissen,
Mozart's Feinde vortrefflich, und sie gingen, von Sa=
lieri geführt in ihren Machinationen mit so vieler stra=
tegischer Kunst zu Werke, daß unser Freund nur die Folgen
davon empfand, ohne daß es ihm gelang, den geheimen Um=
trieben recht auf die Spur zu kommen.

Bis jetzt freilich waren nur erst die Mienen gelegt.
Mozart schrieb im Auftrage des Kaisers, — Joseph II.
verehrte sein Talent und liebte seine Person, — Wien war
begeistert für ihn! Da war ein entschiedenes Auftreten
noch nicht zu wagen. Fuhr man aber consequent in den
Verläumdungen fort, mit welchen man begonnen, und zu
welchen Mozart's unbefangenes und unvorsichtiges We=
sen so viel Veranlassung gab, so konnte man sicher sein,
ihm bald den Boden der kaiserlichen und der Volksgunst
unter den Füßen hinweggezogen zu haben.

Die neue Oper: „Belmonte und Constanze "

oder „Die Entführung aus dem Serail" kam also
nach Hindernissen verschiedener Art endlich zur Aufführ=
rung,*) und wurde mit rauschendem Beifalle aufgenommen.
Man war entzückt von dieser herrlichen Musik, der Jubel
wollte nicht enden und die meisten Stücke mußten da capo
gesungen werden. **) Eine ziemlich verzweigte Cabale war
übrigens doch schon diesmal zu bemerken, nur konnte sie
es nicht wagen, ihre Mißtöne durch die allgemein erschal=
lenden Applause und Bravo's hören zu lassen. Die Ueber=
zahl der Gutgesinnten war zu bedeutend, als daß man ihr
ungestraft hätte entgegentreten können. Die Neider tröste=
ten sich aber mit der Hoffnung ein andermal eher durch=
zubringen.***)

Unter ungeheuerem Zudrange wurde nun die neue
Oper schon in den ersten vierzehn Tagen viermal gegeben.
Wer war glücklicher als Amadeus?! Entzückt schrieb er
an seinen alten Vater; — innig flehte er diesen an, ihm
nun auch die Einwilligung zu seiner Verheirathung mit
seiner geliebten Constanze zu geben, da es ihm ja nun
nicht mehr fehlen könne. Und siehe! der alte gute Vater
willigte ein. Aber — o Schmerz und Verzweiflung!——
Constanzens Mutter blieb auch jetzt bei ihrem Entschlusse:
Mozart — so sehr sie ihn schätzte und so sehr sie selbst

*) Es war den 12. Juli des Jahres 1782.
**) Oulibicheff I. 189. Nissen: 459. u. f. Jahn III. Thl.
S. 69. S. Niemtschek u. s. w.
***) Oulibicheff I. 189.

diese Liebe freute — doch nur dann die Hand der
Tochter zu bewilligen, wenn er in der That eine
feste Anstellung, die ihn und eine Familie zu ernähren vermöge, aufzuweisen habe.

Mozart war außer sich! — Auch er hoffte ja sicher
auf eine Anstellung bei dem neu zu errichtenden deutschen
Theater — — aber — — — wie lange konnte diese noch
auf sich warten lassen. Kaiser Joseph II. hatte wenigstens bis jetzt noch kein Wort darüber geäußert. Und
konnte diese Oper — konnte „die Entführung aus
dem Serail," die so voll süßer Gefühle, voll schmachten-
der Liebe war, das Herz der Mutter nicht rühren, —
was dann!

Wolfgang Amadeus war eben voll Verzweiflung
aus dem „Auge Gottes," — dem Hause, in welchem
Weber's wohnten, — getreten. Die Mutter hatte mit
Milde, aber auch mit ebensoviel Entschiedenheit ihr letztes
Wort gesprochen; Constanze, in Thränen schwimmend,
sich von Amadeus getrennt.

Es war schon spät am Abend, der aber nach der drücken-
den Hitze des Tages, kaum eine Spur von Labung brachte.

Mozart war es unerträglich. Seine schönsten Hoffnungen lagen abermals zertreten vor seinen Füßen...
Er hätte die Welt zertrümmern können! Und zu dem Aerger über der Mutter Eigensinn und der daraus entspringen-
den namenlosen inneren Unbehaglichkeit, kam nun auch
noch die äußere hinzu. Moralisch und physisch war die

Atmosphäre, die ihn umgab, niederdrückend und kaum zu
athmen.

Es war dies einer jener Momente, in welchem man
sich, wenn man poetisch denkt, Jupiters Blitz wünscht, um
die ganze Welt zu zerschmettern; oder auch irgend Jemand
zum Durchprügeln; — oder einen Kometen, der in dem=
selben Augenblicke auf unsere Erde losführe und sie in
tausend Stücke sprengte!

Wolfang Amadeus wünschte dies alles auf einmal.
Er wußte in der That nicht wohinein, wohinaus? Freilich
war Constanze dadurch noch nicht für immer für ihn
verloren, aber doch für jetzt! Und er wollte, er konnte
nicht mehr länger ohne die Geliebte sein!

Aerger, Zorn und Hitze trieben den Schweiß in dicken
Tropfen auf seine Stirne. Er lechzte nach Kühlung —
nach irgend etwas Wildem .... nach irgend einem Exzeß,
als Blitzableiter des inneren Aufruhrs. Er hätte ein paar
Flaschen Champagner hinunterstürzen können, um sich mit
Willen zu berauschen und den Aerger hinabzuspühlen und
zu vergessen. Aber seine Stimmung war nicht darnach,
die Freunde aufzusuchen. Er stürmte daher fort ....
hinaus! .... wohin, wußte er selbst nicht!

Endlich blieb er vor einem Volksgarten stehen, der
feenhaft illuminirt war, und aus dem Lachen und Jubel
ihm entgegenschallte. Aber nicht diese hatten seine Füße
plötzlich wie mit Zauber umstrickt, sondern die Töne einer
fernen Musik. Es war ein ganz neuer reizender Ländler,
den man dort spielte.

„Der ist von Haydn!" — rief Mozart nach einigen Minuten — „oder ich will meinen Kopf verlieren!"

Und jetzt trat eine wirklich nette Scene ein Das Mährchen von dem Magnetberge erzählt, daß, wenn sich jenem Berge ein Schiff nähere, alles was daran von Eisen sei, durch die Gewalt des Magnetes so stark angezogen werde, daß es, trotz aller widerstrebenden Banden, nach dem Berge hinfliegen müsse. So ging es jetzt mit Mozart. Es war ihm in diesem Augenblicke gewiß nichts verhaßter als Lachen, Jubel, vergnügte Menschen und Illumination und doch kam er — die Hand lauschend an das Ohr haltend — immer einige Schritte näher. Haydn's Musik übte eine magische Anziehungskraft auf ihn. Alles andere vergessend und nur Ohr für diese lieblichen Töne, näherte er sich langsam, Schritt vor Schritt, durch einen dunkelen Nebengang, dem Mittelpunkte des Gartens, an welchem sich, unter einem chinesischen Pavillon, das Orchester befand. Jetzt stand er vor ihm. Daß neben ihm die vergnügungssüchtigen Wiener und Wienerinnen lustig zechten, schmausten, scherzten und lachten, bemerkte er nicht. Mozart hörte nur, und wiegte, in glücklichem Vergessen alles Unangenehmen, beifällig den Kopf nach dem Takte. Erst als die Musik schwieg und er tüchtig mit applaudirt hatte, bemerkte er, wo er war.

„Verwünscht!" — murmelte er mit finster zusammengezogenen Augenbrauen — „wo bin ich da hingekommen!"

Und eben wollte er sich umdrehen und den Ort verlassen, der so gar nicht zu seiner jetzigen Gemüthsstimmung paßte,

als dicht neben ihm ein Champagnerpfropf mit lautem
Knalle auffleg. Unwillführlich wandte sich Amadeus
um — — — aber er glaubte der Schlag müsse ihn treffen,
er stand vor Lange, der mit einem lustigen und über-
raschten: Mozart! von seinem Tische auffuhr und Wolfgang entgegeneilte.

Es giebt Tage im Leben, wo einem Alles verkehrt geht,
und Unangenehmes sich auf Unangenehmes häuft; — Un-
glückstage an welchen, legte man sich in's Bett, um ja jedem
weiteren Unfall zu entgehen, sicher die Decke einfallen und
einem todtschlagen oder doch verletzen würde.

Ein solcher Tag schien heute für Mozart im Kalen-
der zu stehen. Unangenehmeres hätte ihm ja gar nicht
begegnen können, als jetzt Lange — den er in München
glaubte — hier zu treffen: Lange, der ihm seiner Zeit
Aloysia's Liebe entzogen, der diese unglücklich gemacht
und gerade dadurch Schuld daran war, daß Constanzens
Mutter ihm die Hand der Geliebten vorenthielt, bis er eine
solide Anstellung habe.

Mozart machte daher zu der Bewillkommnung auch
eine so sauer süße und grämliche Miene, daß Lange
lachend frug: ob er Leibschmerzen habe?

Amadeus, ohnedem ärgerlich und gereizt, sagte ihm
hierauf kurz und bündig die Wahrheit, und daß das Unglück, welches er über Aloysia gebracht, nun auch sein
Lebensglück zu zerstören drohe.

Aber Lange verlor seinen Humor nicht. Er nöthigte
Mozart niederzusitzen, was dieser — um nicht auffällig

zu werden — annehmen mußte. Schenkte ihm ein Glas des perlenden Schaumweines ein und sagte dann:

„Das ist vortrefflich!"

„Wie so?" — entgegnete Wolfgang finster. — „Was ist vortrefflich? Etwa Ihr Benehmen gegen meine Schwägerin? oder mein Unglück, das Sie verschuldet?"

„Einmal, daß ich Sie treffe, mein lieber Schwager in spe!" — sagte Lange mit dem Ausdruck so wahrer Freude, daß Mozart's Aerger bedeutend nachließ. — „Ich bleibe nämlich nur wenige Tage hier und hätte Sie sonst wohl schwer getroffen. Zweitens: daß ich Ihnen selbst meinen Glückwunsch zu dem glänzenden Siege darbringen kann, den Sie mit Ihrer „Entführung" gefeiert, — und endlich, daß mir der Zufall vielleicht gerade günstig ist, Ihnen zu vergelten, was Sie einst in Mannheim für mich gethan."

„Lassen wir das."

„Nicht doch! Gedenken Sie noch unseres Zusammentreffens in Neckarau?"

„Warum nicht. Es war für mich ein Tag, wie der heutige."

„Wie so?"

„Meine schönsten Hoffnungen waren zertreten. Ich hatte auf meine Bewerbung um eine Stelle am Churfürstlichen Hofe eine abschlägige Antwort erhalten, und war voll Verdruß nach Neckarau gelaufen, wie heute hieher."

„Wie das klappt!" — rief Lange. — „Kellner noch eine Flasche Champagner,..... aber von demselben!"

„Ich trinke nicht mehr!" — sagte Mozart.'

„Was?" — entgegnete Lange in seinem bekannten komischen Pathos in dem er so hinreißend sein konnte: — „sagt Hamlet nicht:

> „Der König bringt die Nacht am Schenktisch hin,
> „Trinkt zu, und windge Hofgunstpilze taumeln;
> „Und wie er Züge Rheinweins niederschlürft,
> „Verkündet im Triumph Trompet und Pauke
> „Den ausgebrachten Trunk."

„Ihr seid der Töne König, Mozart! — Dies Glas dem Genius Eurer edlen Kunst!"

Lange hatte dies so launig gesagt und Amadeus so freundlich dabei angeblickt, daß dieser lächelnd anstieß.

Als beide die Gläser ausgeschlürft, frug der Erstere:

„Und was gedenken Sie nun, in Beziehung auf Con= stanze, zu thun?"

Mozart zuckte die Achseln: „Ich weiß es wahrlich nicht."

„Wie?" — rief Lange, indem er seine Hand auf Mozart's Arm legte und diesem so fragend in das Ant= litz schaute, als habe er etwas ganz Unglaubliches gesagt: — „Sie wissen wirklich nicht, was Sie jetzt thun sollen? Sie.... der „Constanze und Belmonte" oder „die Entführung aus dem Serail" componirt hat.... Sie wissen dies nicht?"

„Was hat meine Oper damit zu schaffen?"

„Was sie damit zu schaffen hat? Sie sollen sie selbst aufführen...... praktisch.... im Leben! Belmonte

Mozart sein, und Ihre Constanze statt aus dem Serail, aus dem „Auge Gottes" entführen."

„Tollheit!" — rief Mozart, nahm sein Glas und trank es aus.

„Natürlich nicht in die weite Welt!" — sagte Lange lächelnd. — „Zu irgend einer bekannten Familie, dort lassen Sie sich trauen und damit ist die Sache abgemacht. Ich kenne meine Schwiegermama. Sie ist unerbittlich, so lange Sie bitten .... und so gefügig wie ein guter Diplomat bei einem fait accompli."

Mozart schüttelte den Kopf:

„Das hieße Constanze compromittiren. Außerdem ist die Mutter in der letzten Zeit sehr fest geworden."

„Das heißt eigensinnig."

„Sie könnens auch so nennen; aber sie meint es doch immer gut dabei. Nein! ich mag sie nicht kränken."

„Und dann?"

„Muß ich wohl auf eine Anstellung warten."

„Ich gratulire!" — rief Lange hier lachend. — „Wissen Sie wie Morton im „Fürstenknecht" sagt:

„Warten macht Scharten,
„Warten macht alt,
„Ueber das Warten
„Manch' Herz wird kalt."

„Wir lieben uns aufrichtig und treu."

„Zweifle nicht im Mindesten. Wie lange aber — darf ich wohl fragen — warten Sie nun schon auf eine Anstellung?"

Wolfgang Amadeus biß sich auf die Lippen. Dann sagte er:

„Ich habe meine Oper im Namen des Kaisers geschrieben und Joseph II. hat mir versprochen...."

Aber Lange füllte die Gläser und summte durch die Lippen:

„In der Jugend da hatt' ich ein lieb, lieb Lieb,
„O mich däuchte das Liebeln genehm:
„So die Zeit zu verbringen, o wie ich es trieb,
„O mich dünkt, wohl war es bequem.
„Nun hat mich das Alter, der schleichende Dieb,
„Mit den knöchernen Klauen umspannt,
„Bald hat er mich von der Erde geschifft,
„Als hätt' ich sie nimmer gekannt."

„Lassen Sie Hamlets Todtengräber sein Liedchen" — sagte jetzt Mozart. — „Ich bin noch jung und Kaiser Joseph wird Wort halten."

Aber Lange fuhr in seiner Weise fort:

„Wort halten? — schlimmes Ding!
„Ist Wort doch Wind, ist Laut, ist Schall,
„Ist Münz aus Luft geprägt —
„Ein Hauch — ein Nichts im All!"

Mozart ließ jetzt, da es ihm peinlich war, sich von Lange regaliren zu lassen, auch eine Flasche Champagner kommen, obgleich ihm der, im Aerger und in der Aufregung getrunkene Wein, heiß zu machen begann. Zugleich suchte er ein anderes Gespräch anzuknüpfen, aber Lange unterbrach ihn und sagte:

„Lieber Mozart, ich muß noch einmal auf meinen

Vorschlag zurückkommen. Ich bin gränzenlos leichtsinnig,
das ist wahr, — aber ich bin deßhalb nicht undankbar.
Glauben Sie mir dies?"

„Ja!"

„Nun haben Sie mir aber nicht nur seiner Zeit in
Mannheim große Freundschaft erwiesen, — ich habe auch
manches Unrecht bei Ihnen gut zu machen, namentlich die
Schwierigkeiten aus dem Wege zu räumen, die durch mich
zwischen Sie und Constanze geschoben sind."

„Das wird unmöglich sein."

„Nichts in der Welt ist unmöglich!" — rief Lange
heiter — „wenn man nur Muth, List und Keckheit besitzt.
Sie erinnern sich vielleicht des Spruches, der mein Leben
regiert: „Man muß nicht sich den Sachen, sondern die
Sachen sich unterwerfen." Das heißt also auf Ihre
Lage angewandt: Sie müssen nicht so thöricht sein, mit
Ihrem Liebesglück warten zu wollen, bis es dem Schicksal
beliebt, Ihnen die Heirath sein bürgerlich möglich zu machen;
— nein, den Teufel auch! ein so genialer Kerl wie Sie,
der heirathet und nimmt sich sein Liebes= und Lebensglück
mit kecker Hand selbst, und dann muß Mama „Ja!" sa=
gen, auch wenn's dem eigensinnigen Schicksal gefällt, die
Anstellung noch etwas warten zu lassen!"

Mozart's Kopf schwindelte. Er stürzte auf's Neue
ein Glas Champagner hinab, dann rief er:

„Bei Gott! Sie haben nicht Unrecht!"

„Nun sehen Sie!" — fuhr Lange fort — „da will

ich denn mein Unrecht gut machen. Vertrauen Sie mir und in wenig Tagen ist Constanze Ihr liebes Weibchen."

„Topp!" — rief jetzt Mozart und die Gläser klangen — „auf eine glückliche Entführung aus dem Auge Gottes!"

Die Entführung aus dem Auge Gottes.

―――――

„Ich begreife von allen den Geschichten nichts!“ — sagte Frau Weber kopfschüttelnd — „wo soll ich denn hin? warum mich so putzen? — und wo steckt denn nur Constanze?“

Diese Frage war an ihre jüngste Tochter Sophie gerichtet und mit einiger Ungeduld ausgestoßen, da Frau Weber heute schon zu wiederholtenmalen Constanzen vermißt hatte und in der gewöhnlich so geregelten Haushaltung auf allerlei Dinge gestoßen war, die sonst nicht vorkamen.

Gewöhnlich pflegte Constanze schon in der Frühe Meubles und Hausgeräthe abzustauben; heute saß — was dem scharfen Auge der ordnungsliebenden Mutter nicht entging — der Staub dick auf Stühlen und Tischen. Sonst kam fast nie eine Klage über das Mittagsessen vor; heute wurde es eine halbe Stunde später als gewöhnlich fertig, die Suppe war versalzen, das Gemüse nicht recht geschmälzt und der Braten angebrannt. Nachmittags pflegte Constanze, neben der Mutter sitzend, häusliche Handarbeiten vorzunehmen; heute kam sie gar nicht von ihrem Zimmer und auch die letzten acht Tage schloß sie sich oft dort ein.

Frau Weber hatte das alles wohl bemerkt; aber sie schrieb es der abschlägigen Antwort zu, die sie jüngst Mozart gegeben. Sie dachte: das wird sich schon wieder machen, schwieg und schüttelte nur hie und da bedenklich mit dem Kopfe. Jetzt aber war sie doch ungeduldig geworden und verlangte ernstlich von Sophie Auskunft.

„Aber, liebe Mutter," — sagte diese daher — „von was für Geschichten sprichst du denn?"

„Von all' den Unordnungen, die seit einigen Tagen und namentlich heute in der Haushaltung vorkommen!" — entgegnete die Mutter streng. — „Da ist nichts abgestaubt, das Essen nicht zur rechten Zeit auf dem Tische, alles verdorben, versalzen und verbrannt! Ich begreife gar nicht, was da vorgeht!"

„Aber, lieb Mütterchen!" — fuhr Sophie fort und hing sich schmeichelnd an Frau Weber, — „kann einem denn nicht so etwas einmal passiren? Bedenke doch nur welchen Kummer Constanze im Herzen trägt; da steht einem der Kopf oft nach ganz anderen Dingen."

„So?" — frug die Mutter, und trotz ihrem Unwillen stahl sich doch ein Lächeln in ihre Züge. -- „Du sprichst wohl aus Erfahrung, Jungfer Altklug; ist fünfzehn Jahre alt und will wissen, daß einem bei solchen Sachen der Kopf nach anderen Dinge stehe!"

„Ach!" — rief jetzt Sophie tief erröthend — „ich habe mir das ja nur so gedacht."

„Es ist gut!" — sagte die Mutter etwas milder — „meine gute Constanze dauert mich ebenso sehr, als Amadeus. Aber — Gott weiß es — ich kann und darf nicht anders. Mozart ist ein vortrefflicher Mensch..... aber über alle Maßen unpraktisch, wie alle Genies. Hat er einmal einen festen Gehalt, nun schön, dann kann man sich darnach richten; aber so?"

„Er verdient ja aber doch so viel?"

„Und giebt noch mehr aus! Ich kenne das. Amadeus hat auch nicht den leisesten Begriff, weder von dem Werth des Geldes, noch von den Bedürfnissen einer Haushaltung, und ist außerdem so herzensgut, daß er — nur um seine Frau zu beglücken — im Stande wäre, Summen für die nichtssagendsten Dinge zu verschwenden und hinterher fehlte auf Monate das Brod im Hause."

„Sie sind zu streng, Mütterchen!"

„Ich bin streng, weil ich das Wohl meines Kindes im Herzen trage. Ich habe mit der armen Aloysia, die jetzt noch, ihrer Gesundheit halber, in Nizza weilt, genug erlebt. Aber wo ist denn Constanze?"

„Auf ihrem Zimmer!"

„Und was macht sie?"

„Ich weiß es nicht; sie hat sich eingeschlossen."

„Ich kann das geheimnißvolle Wesen nicht leiden, das

sich seit acht Tagen bei ihr eingeschlichen!" — versetzte die Mutter. — „Constanze war sonst so essen."

„Sie wird weinen!" — sagte Sophie bewegt.

Aber diese wenigen Worte trafen das Mutterherz so tief, daß Frau Weber sich nach der Seite wenden und mit etwas anderem beschäftigen mußte, um Sophien nicht zu zeigen, was in ihr vorging. Aber die schlaue Sophie hatte es wohl bemerkt. Innig küßte sie jetzt die Wangen der Mutter und sagte mit schmeichelndem Tone:

„Wirst du uns jetzt aber auch die Freude machen, dich in deinen besten Putz zu stecken."

„Aber wozu denn?"

„Du sollst's schon erfahren."

„Also wieder ein Geheimniß?"

„Denke es wäre Weihnachten, und deine Kinder wollten dich mit etwas überraschen."

„Kind, Kind!" — rief Frau Weber jetzt kopfschüttelnd — „das sind Possen! Ich bin zu alt geworden für dergleichen."

„Mütterchen!" — schmeichelte Sophie — „hast du mich lieb?"

„Sage mir wohin es geht."

„Ich kann es nicht."

„Warum nicht?"

„Weil man ein Geheimniß nicht ausplaudern darf. Aber wenn du einen Funken Liebe für deine Kinder hast...." Und die kleine Schmeichlerin herzte und küßte und streichelte die Mutter so lange, bis die gute Frau lächelnd nachgab.

„So mag es sein!" — sagte sie endlich. — „Aber du mußt mir beim Ankleiden helfen."

Und beide gingen nach dem Schlafzimmer der Frau Weber.

Die Sonne neigte sich unterdessen zum Untergange. Ein schweres Gewitter, das den Mittag sich zu entladen gedroht, war glücklich vorübergezogen und nur einzelne gewaltige Wolken lagerten jetzt noch wie riesige Gebirgs= massen im Westen. Prachtvoll vergoldete die Sonne ihre Ränder, die wie flüssiges Feuer leuchteten, während sich jene, wie ein Phönix immer tiefer in die Gluthen senkte.

„Ein herrlicher Sonnenuntergang!" — sagte jetzt Mozart, der aus dem Fenster seines Zimmers das groß= artige Naturschauspiel beobachtete. — „Das Gewitter zog vorüber, wir bekommen einen göttlich schönen Abend!"

„Ein gutes Omen!" — entgegnete Lange, der im Reiseanzug neben Amadeus stand, und daher um so mehr von jenem abstach, als Mozart sich in seinem besten Fest= kleide befand. Er war geschmückt wie ein Bräutigam und seine Züge strahlten doppelt, einmal von dem Wiederschein der untergehenden Sonne und dann vor innerer Seligkeit.

„Ein gutes Omen!" — wiederholte Mozart, — „Gott gebe, daß es so sei, und daß das Gewitter, das mich und meine gute Constanze heute noch bedroht, ebenso glücklich vorüberziehe, wie jenes."

„Fällt dem Herrn schon wieder das Herz in die Schuhe?" — frug Lange spöttelnd.

„Das nicht!" — entgegnete Mozart — „aber wenn nun die Mutter nicht einwilligt!"

„Sie wird es!" — tröstete Lange. — „Gott! ich kenne die Weiber, die alten und die jungen! Glauben Sie, daß sie Ihren gemeinsamen Bitten widerstehe und jenen einer so vornehmen Fürsprecherin, wie die Baronesse Wald= stetten ist? Alles wird sie imponiren, ihr Herz fassen und erweichen, die hohe Berührung ihrer Eitelkeit schmeicheln..."

„Gerade diese Dinge drücken mich!" — sagte Mo= zart. — „'S ist immer kein ehrlicher, offener Weg!"

„O Belmonte=Mozart!" — rief hier Lange laut auflachend — „so ist Ihre ganze „Entführung aus dem Serail" erlogen! und er intonirte: „O wie ängstlich, o wie feurig schlägt mein liebevolles Herz!" — Hat wahre, ehrliche Liebe nicht immer Recht gegenüber dem Pascha= Despotismus eigensinniger Eltern? Wollen Sie etwas anderes, als sich und Constanze — mithin auch ihre Mut= ter, die ihr Kind wirklich liebt — glücklich wissen?"

„Gewiß nicht!"

„Nun — so sein Sie auch so kein Gewissenskrämer! Muthig, Belmonte=Mozart — jedenfalls heißt es hier nicht: Erst geköpft und dann gehangen!"

„Es fehlt auch nicht an Muth!" — sagte Mozart — „aber ich bin in dem Gedanken, meine Constanze heute noch als mein liebes Weib in meine Arme zu schließen, so namenlos glücklich .... daß ich zittre, wenn ich an die Möglichkeit einer Vereitlung dieser Hoffnung denke."

„Wer vor der Schlacht an die Möglichkeit, sie zu ver=

lieren, denkt, wird sie freilich nicht gewinnen!" — sagte Lange achselzuckend.

In diesem Augenblicke fuhren zwei prächtige Wagen am Hause vor.

„Die Equipagen der Frau Baronin!" — rief Mozart und drückte die Hand gegen das Herz, so heftig schlug es.

„Also an's Werk!" — sagte Lange und griff nach seinem Hute. — „Ich habe nichts mehr dabei zu thun, als den Ausgang abzuwarten. Um Mitternacht reise ich ab."

„Und wie soll ich Ihnen danken, Lange?" — rief Mozart, ihm beide Hände entgegenstreckend.

„Für was?" — frug Lange heiter. — „Ich habe bei der ganzen Geschichte nichts gethan, als den Gedanken gegeben, den Plan ausgeheckt: und — allenfalls einige Scrupel in dem allzuehrlichen Kopfe eines gewissen Herrn Mozart vertrieben."

„In der That...."

„Nur keine Worte!" — rief Lange. — „Wenn Sie glücklich mit Ihrem Weibchen sind, hat der Leichtfuß Lange doch wenigstens die Beruhigung, seinem edlen Freunde Mozart Gutes mit Gutem vergolten zu haben. Und nun mit unserem göttlichen S h a k e s p e a r e:

„Der König — — Bettler, nun vorbei das Spiel,
„Das End' ist gut, wenn es nur so ausfiel,
„Daß ihr zufrieden, was vergelten mag
„Der Fleiß, euch zu gefallen, Tag für Tag.
„Daß stets uns euer mildes Urtheil bliebe!
„Weibt eure Hände uns, nehmt unsre Liebe!"

Und mit einem pathetischen Gruße, als ob er ein König
sei, verschwand Lange.

Mozart eilte zu den Wagen. — — —

— —

Auf dem Landgute der Baronin von Waldstetten
herrschte heute ein ungemein reges Leben. Der Haupt-
eingang, die Treppe, die Corridors, der Salon und mehrere
Nebenzimmer waren mit Blumen und Guirlanden gar
freundlich geschmückt. In dem Saale erwartete eine mit
wahrhaft fürstlicher Pracht gedeckte Tafel eine kleine Gesellschaft von nur neun Personen zu einem köstlichen Soupé,
in einem der Zimmer aber war sogar ein kleiner allerlieb-
ster Hausaltar errichtet, der aus Blumen hervorwuchs,
Bibel und Crucifix trug, und von vierzehn auf schweren
silbernen Girandolen brennenden Wachskerzen erhellt
wurde. In demselben Zimmer befand sich ferner ein ka-
tholischer Priester im Ornate, in ein tiefes Gespräch mit
der Herrin des Hauses verloren, die ihm so eben ein kai-
serliches Handbillet übergeben, worauf derselbe den übrigen
Anwesenden — unter welchen sich der Landrath von
Zette und die Herren von Thorwart und van Swieten befanden — erklärte, daß die Sache geordnet sei. In
demselben Augenblicke fuhr der Staatswagen der Baronesse vor, die Diener flogen herbei und aus demselben stieg
Mozart und seine Braut.

Aber wie zitterte die arme Constanze, — wie bleich
war sie heute, — wie ängstlich schmiegte sie sich an den

geliebten Mann, der sie eben aus dem „Auge Gottes"
entführt hatte.

Freilich war dies mit Constanzens Wissen und Willen geschehen; aber erst nach langem Bitten und Flehen,
nach vielen Besprechungen und einer Zusammenkunft mit
der würdigen Baronin von Waldstetten, der mütterlichen Freundin Mozart's. Nur eines hatte sich Constanze vorbehalten: Vor der Trauung mußte das „Ja!"
der Mutter erwirkt werden können. Jetzt lag sie — vor
Erregung, Freude und Angst leise weinend — der Baronin in den Armen.

Unterdessen hatte aber auch die zweite Equipage Frau
Weber und die kleine Sophie abgeholt, ohne daß die
erstere ahnte, wohin es gehe und was es geben sollte. Vergebens bestürmte sie ihre Tochter auf dem ganzen Wege
mit Fragen. Freundlich — aber unerbittlich wich diese
aus. Im Stillen schmeichelte es indessen doch der guten
Frau, in einem so eleganten Wagen mit so prächtiger
Livree zu fahren. Sie ward nach und nach stille und schüttelte nur noch den Kopf. Unwillkürlich mußte sie dabei an
die Märchen von Tausend und eine Nacht denken. Aber
ihr Staunen wuchs, als sie plötzlich auf einem schönen
Landsitze ankamen, Diener mit silbernen Leuchtern herbei-
sprangen, und sie die blumengeschmückten Treppen hinauf-
führten. Wohlgerüche drangen ihr hier aus den Zimmern
entgegen und eine sanfte, liebliche Musik schlug an ihr Ohr.

Frau Weber hatte keine Worte, sie schüttelte nur immer in Verwunderung das Haupt und strich sich mit der

Hand über die Stirne, als ob sie sich überzeugen wolle: ob sie wache oder träume. Plötzlich nahm die Musik einen kirchlichen Charakter an; aber die Weise war so fromm, so innig, so kindlich flehend, daß es der guten Frau ganz warm um's Herz ward. Da sprang eine Flügelthüre auf, — sie stand geblendet.

Eine Fülle des Lichtes strömte von dem gegenüber liegenden Altare aus, vor dem der Priester stand. Und die Lichtstrahlen vermählten sich mit den frommen Tönen und auf ihren Wellen schienen Engel des Himmels herabzuschweben.

Aber du mein Gott, was ist denn das?! Ist jenes bleiche zitternde Mädchen in dem einfachen weißen Kleide, den Myrthenkranz im Haare, denn nicht Constanze? — Constanze, die sich, einer Ohnmacht nahe, an Amadeus schmiegt?

Frau Weber wischt sich die Augen. Es kann ja nicht sein, — Constanze ist zu Hause, in ihrem Zimmer eingeschlossen. Wie sollte sie auch hieher kommen? was hier thun? was sollte dieser Anzug?

Aber das alles ist ja nur ein Moment, da liegen Constanze und Amadeus zu der Mutter Füßen und flehen:

„Mutter! geliebte theuere Mutter, gib uns deinen Segen! Laß uns durch Gottes heiligen Priester Mann und Frau werden; wir lieben ja einander so innig und können nicht mehr ohne einander sein!"

Da wird Frau Weber klar, was geschehen: — „Eine Entführung!" — lispelte sie — „man will mich zwingen?"

Aber ehe sie noch weiter sprechen kann, tritt die edle Haus-
frau hinzu, gibt sich zu erkennen und erklärt der überrasch-
ten Mutter alles. Wie ihr Amadeus, den sie fast wie
einen Sohn betrachtet, sein Leid geklagt, — wie sie mit
seiner treuen, aufrichtigen Liebe Mitleid empfunden; —
wie sie gesehen, daß er sich in dieser Liebe verzehre und wie
sie daher seinen Bitten, ihm bei der beabsichtigten Entführung beizustehen, nachgegeben habe; doch sei alles —
auf Constanzens bestimmtes Verlangen — so angeordnet
worden, daß im letzten Augenblicke die Einwilligung der
Mutter noch eingeholt werden könne. Und zu der Baronin
beredten Vorstellungen und der Kinder Bitten, gesellte sich
jetzt auch noch die Zusprache Herrn von Thorwarts,
der, als Vormund der Weber'schen Kinder, der Mutter
rechte Hand war, und als endlich auch noch der Priester
hinzutrat und mit mildem Ernste an die Worte erinnerte:
„Was Gott zusammenfügt, das soll der Mensch nicht trennen!" — da konnte Frau Weber nicht mehr widerstehen:

„In Gottes Namen denn!" — rief sie aus — „so
gehört euch einander an. Ich war nur, das wißt ihr Beide,
aus mütterlicher Sorge und Vorsicht bis jetzt dagegen.
Des Menschen Wille ist sein Himmelreich. Gott gebe euch
seinen Segen und mache euch glücklich!

Und mit diesen Worten legte sie ihre Hände auf die
Häupter der in seligem Entzücken vor ihr knieenden Kinder.
Und als nun auch der Priester sein Amt verrichtete, und
das gegenseitige „Ja!" laut und mit gerührtem Herzen
ertönte, und die holde Braut in Thränen der Wonne aus-

brach, da wurden alle Augen feucht, selbst die des Geist=
lichen, und Alle wehte es an wie ein Hauch aus einer
verklärten seligen Welt.*)

Aber welch' ein Jubel folgte nun der heiligen Hand=
lung. Mozart war ausgelassen vor Lust und erstickte fast
mit seinen Küssen Constanze, die Mutter, Sophie, ja
selbst die alte, würdige Herrin des Hauses!

Ein wahrhaft fürstliches Soupé folgte nun der Fest=
lichkeit. Plötzlich aber überraschte den glücklichen Maestro
auch noch die gediegene Aufführung einer sechszehnstimmigen
Harmonie von seiner Composition.

Ach! wer war da glücklicher als Mozart. Seine ge=
liebte Constanze — jetzt sein herziges, süßes
treues Weib — im Arme, fühlte er sich ein Krösus
im Reiche der Liebe, — ein König im Reiche der
Töne!

Bis spät in die Nacht blieben die glücklichen Menschen
bei einander; dann kehrten die Herren, — nachdem sie noch
einmal auf „die Entführung aus dem Auge Got=
tes" und das Glück der Neuvermählten angestoßen — in
den Wagen der Baronesse nach Wien zurück; der Mutter
aber und Sophien waren auf dem einen, — dem jungen
glücklichen Ehepärchen auf dem anderen Flügel des Land=
hauses reizende Zimmer angewiesen.

Welch' ein Gefühl für Amadeus, als er nun mit
Constanze allein war. Er hielt sie in seinen Armen, —

*) Mozarts eigener Brief an seinen Vater. Wien d. 7. Aug. 1782.

aber es schwindelte ihm bei dem Gedanken: „Sie ist nun ganz dein!" Da ertönte noch einmal von ferne die Musik. Es war das Rondo von Belmonte: „Wenn der Freude Thränen!" Und weinend vor Seligkeit hielten sich Beide fest und innig umschlossen.

O du edler, du großer König der Töne — es war der schönste Moment in deinem Leben!

Ende des vierten Theils.